T0161639

Naissances du roman

Du même auteur

Essais
1re série : *Les ailes des mots : critique littéraire et poétique de la création*,
L'Harmattan, 1994 ; *Le Bûcher d'Hercule : histoire, critique et théorie
littéraires*, Champion, 1996 ; *La Lyre d'Amphion : pour une poétique
sans frontières*, Presses de la Sorbonne Nouvelle, 2001 ; *Sous le signe de
Vertumne : expérience poétique et création littéraire*, J. Maisonneuve,
2003 ; *Trente essais de littérature générale et comparée ou la Corne
d'Amalthée*, L'Harmattan, 2003.
2e série : *Les aventures de la lecture. Cinq essais sur le* Don Quichotte,
L'Harmattan, 2005 ; *Rencontres, échanges, passages. Essais et études
de littérature générale et comparée*, L'Harmattan, 2006.

Éditions
Théâtre critique du Père Feijoo (1726), éd. crit., préf. et notes, Éd. Delta,
1971 ; José Rizal, *Révolution aux Philippines* (1896), Gallimard,
1984 ; Miguel Torga, *La création du monde*, Garnier Flammarion,
1999 ; « L'homme pressé », *Romans de Paul Morand*, Gallimard,
« Bibliothèque de la Pléiade », 2005.

Études
Images du Portugal dans les lettres françaises (1700-1755), Fondation
Gulbenkian, 1971 ; *Images et mythes d'Haïti (Carpentier, Césaire,
Dadié)*, L'Harmattan, 1984 ; *Imagens do Portugal na cultura francesa*,
Lisbonne, Biblioteca Breve, 1984 ; *Ernesto Sábato ou la littérature
comme absolu*, Éd. Caribéennes, coll. « Voix d'Amérique », 1989 ;
Perspectives comparatistes (en coll.), Champion, 1999.

Manuels
Da Literatura comparada à teoria da literatura (avec A. M. Machado),
Lisbonne, Ed. Presença, 2001 ; *La Littérature générale et comparée*,
A. Colin, 1994 ; *Histoire de la littérature espagnole*, Ellipses, 2002.

Entretiens
Les nuits carnutes (avec Ph. Goudey, S. Habchi, J.-M. Le Gal), J. Maisonneuve, 1999.

Daniel-Henri Pageaux

Naissances du roman

2e édition revue et corrigée

5 0   Q U E S T I O N S

PARIS
KLINCKSIECK

5 0 Q U E S T I O N S

Collection dirigée par Belinda Cannone

www.klincksieck.com

isbn 10 : 2-252-03590-0
isbn 13 : 978-2-252-03590-0

50 QUESTIONS

I. — Il était une fois le roman

II. — Le roman avant le roman

III. — Avancées et mises en question

En guise de conclusion

I

IL ÉTAIT UNE FOIS LE ROMAN

1 *Naissances du roman : pourquoi ce pluriel ?*

Protée littéraire, genre caméléon par excellence, le roman semble défier toute tentative poétique de définition. Mais non toute approche historique. Ce « parvenu des lettres » (Marthe Robert) a une longue histoire. Inutile de la récrire, dans ses étapes, ses jalons, ses grands noms. L'histoire ici proposée est celle des naissances successives du roman, marquées par des textes qu'on nommera, faute de mieux, formes romanesques.

Il n'y a pas de forme pure en littérature et s'il existe des genres, on ne peut prétendre saisir leur essence. Ce que nous appréhendons dans une œuvre littéraire, pour reprendre Jean Rousset (1963), c'est « l'épanouissement simultané d'une structure et d'une pensée, l'amalgame d'une forme et d'une expérience dont la genèse et la croissance sont solidaires ». Toute étude de morphologie littéraire peut recourir, sans céder à l'analogie facile, au petit livre du grand historien de l'art que fut Henri Focillon : *La Vie des formes*. Il entendait libérer l'esprit des « vieilles antinomies » que sont la matière et la forme, l'esprit et la matière, la forme et le fond, pour penser « le caractère constant, indissoluble, irréductible d'un accord de fait entre forme et matière ». Aussi la forme n'agit pas comme un « principe supérieur » modelant une « matière passive » : la matière « impose sa forme propre à la forme ».

On dira donc qu'une forme romanesque est la rencontre, à un moment historique et culturel donné, d'une forme ou ensemble de traits distinctifs qu'on peut nommer aussi structure avec une matière qu'on peut aussi nommer thématique ou imaginaire. Par naissances, nous entendons donc d'abord des rencontres entre une structure et un imaginaire dans une conjoncture précise. Les rencontres ici s'appellent romans. Tous n'offrent pas le même intérêt. Dans la perspective historique qui reste la nôtre, le regard posé sur l'histoire des littératures permet de distinguer certains textes à partir desquels d'autres ont été écrits. On peut les nommer « modèles » dans la mesure où ils ont donné « naissance » à d'autres textes, par imitations et reprises. Celles-ci en effet permettent la constitution d'une suite, d'une série qu'on nomme genre. C'est la répétition avec variantes qui fonde le genre ou le sous-genre.

Par naissances, nous entendons les modèles essentiels par lesquels a pu se développer une suite de formes romanesques, composant des histoires plus ou moins longues dans la grande Histoire. Les « naissances » cernées et définies sont celles de modèles pluriséculaires et transnationaux, intracontinentaux (l'espace européen pendant longtemps), puis intercontinentaux à partir du XIXe siècle. Une histoire se recompose dans la longue durée. Les naissances supposent aussi les disparitions. Il en sera tenu compte. En revanche, aller au-delà de la naissance, c'eût été commencer à écrire l'histoire d'un genre, la vie d'une forme, ce qui aurait dépassé le cadre et l'objectif de ce petit livre. Pour autant, il voudrait être une contribution à une poétique historique qui reste à écrire.

Pourquoi « Naissances du roman » ? Parce que le seul titre qui aurait convenu a déjà été pris par le romancier Jacques Laurent pour un essai stimulant : *Roman du roman*.

2 Histoire ou théorie du roman ?

Le roman est ignoré des grands traités et arts poétiques. À commencer par la *Poétique* d'Aristote dans ce que nous en connaissons. On doit à Gérard Genette (1979) une relecture éclairante de ce texte canonique. Il a montré que la fameuse triade des genres épique, lyrique et dramatique procède d'une lecture fautive : elle apparaît chez Goethe, puis dans l'*Esthétique* de Hegel. Aristote pose la double distinction des modes (narratif et dramatique) et des objets (inférieurs ou supérieurs). Quatre possibilités de genres s'offrent alors : la tragédie (mode dramatique, objet supérieur), l'épopée (narratif, supérieur), la comédie (dramatique, inférieur). Reste la quatrième (narratif, inférieur, la parodie) dont Aristote ne traite pas, mais la « fausse fenêtre » (Genette, 1986 : 126), la « case structurellement vide » (Chartier, 1990 : 16) trouvera « beaucoup plus tard un occupant légitime ». On peut dire, de façon romanesque, que le roman s'est installé dans cette case à prendre. Mais sous le signe de la parodie : la théorie de Mikhaïl Bakhtine est en germe et comme justifiée.

Comme on ne pouvait pas théoriser sur un genre non répertorié, on a cherché à en faire l'histoire. C'est au moment où ce marginal dans la hiérarchie des genres devient en France un genre autonome (voir question 21), qu'on réfléchit sur ses origines possibles. Pierre-Daniel Huet (1630-1721), évêque d'Avranches, fin lettré, a écrit sans doute la première histoire du genre (*Sur l'origine des romans*) dans une préface à la *Zaïde* (1669) de Mme de Lafayette (Gégou, 1971).

De façon significative, il commence par une définition : « histoires feintes d'aventures amoureuses écrites en prose avec art, pour le plaisir et l'instruction des lecteurs ». D'où viennent les romans ? De « l'esprit fabuleux des Orientaux ». Il faut entendre les Grecs et il énumère quelques textes, ceux qui seront étudiés plus loin. Il commet des erreurs d'attribution et de dates, mais il a déjà défini dans ses grandes lignes un premier corpus antique. Passant aux Latins, mais n'oubliant pas sa thèse orientale, il souligne qu'Apulée a un style « plein d'affectation et de figures violentes [...] digne d'un Africain ». Il conclut son histoire en faisant l'éloge d'Honoré d'Urfé, l'auteur de l'*Astrée* (voir question 17), « le premier qui tira nos romans de la barbarie ». On retrouvera au long de ces questions ce critère de présentation (« le premier », « pour la première fois », le « fondateur »...) qui alterne avec un autre, relevant non de l'histoire mais de la géographie : « l'entrée en scène » de tel espace culturel, de telle littérature qu'on nommera émergente (voir questions 33-34, 47-48). Ils semblent évidents, mais ils sont discutables, le premier surtout, en ce qu'ils procèdent d'une démarche rétrospective qui peut parfois ressembler à une chasse aux ancêtres, ou aux précurseurs.

La question des origines du roman a longtemps hanté l'histoire littéraire. « Où, quand, comment naît le roman ? » se demande Étiemble (1975 : 212). Genèse du roman ou « genèses de romans » ? La seconde hypothèse paraît sinon la meilleure du moins la plus prudente. Il cite le latiniste Pierre Grimal qui situe le roman « au confluent de tous les genres ». La position est reprise par Massimo Fusillo (1991 : 146) qui parle de « naissances » à partir d'autres genres constitués. Là encore, on croise une idée essentielle dans la théorie du roman selon M. Bakhtine. Si l'on tient à faire l'histoire du genre, il faut se rendre à l'évidence : il n'y a pas une histoire du roman, mais plusieurs. La plus connue, la plus importante aussi, dans la mesure où elle rend compte du nom même de « roman », est l'européenne. L'aventure occidentale du roman sera ici le champ privilégié des questions retenues, sans qu'il faille pour autant parler d'européocentrisme : le mot ne définit pas en effet un objet d'études, mais une attitude idéologique, étrangère à l'esprit de la littérature générale et comparée dont se réclame le présent ouvrage. Au reste, d'autres histoires seront esquissées (voir questions 45-46).

On peut essayer de combiner la perspective historique et la théorie. C'est ce qu'a fait G. Lukács, encore jeune, dans sa *Théorie du roman* (1914-1920). Très imprégné de Hegel, il part des sociétés antiques, closes, dont l'épopée est le mode d'expression. En entrant dans l'histoire, les sociétés se transforment, deviennent ouvertes, et l'épopée se change en roman, une épopée d'un monde sans dieux. « Le roman est l'épopée d'un temps où la totalité extensive de la vie n'est plus donnée de manière immédiate, d'un temps dans lequel l'immanence du sens de la vie est devenue un problème, sans néanmoins cesser de viser à la totalité. » Aussi le personnage de roman est un « héros problématique » parce que le monde où se déroule son action est devenu contingent, dépourvu de signification transcendante. L'individualité se constitue comme objet de quête. Le roman, fort proche ici de la variété du *Bildungsroman* (voir question 25), est « l'histoire de cette âme qui va dans le monde pour se connaître, cherche des aventures pour s'éprouver en elles, et par cette preuve, donne et découvre sa propre essence » (1963 : 85).

Cette théorie n'est, à tout prendre, pas éloignée des recherches historiques, comparatistes menées par Georges Dumézil (1970). Il a mis en parallèle un mythe islandais et l'histoire d'un roi consignée par l'historien danois Saxo Grammaticus et, à propos du second texte, il a parlé de roman ou de mythe romancé. Ce qui dans le mythe est donné pour extérieur, collectif, prend dans le texte romancé une dimension psychologique et intériorisée. De son côté, Claude Lévi-Strauss a mis en évidence (*Mythologiques III*, 1968) l'usure des mythes : les « structures d'opposition » deviennent des « structures de réduplication », comparables selon lui aux procédés du feuilleton.

Face à ce genre inclassable, le travail théorique de Mikhaïl Bakhtine (1895-1975) permet de comprendre la nature et la fonction de textes appelés romans. Non répertorié, le genre tire sinon ses origines, du moins sa raison d'être, de ce domaine ambigu que les Anciens nommaient le « sérieux comique » (*spoudogelion*) et il s'est constitué en un genre hégémonique, envahissant, contaminant tout système littéraire, fondamentalement en devenir (1978 : 472). Bien plus : il s'accommode mal des autres genres, il vise leur désagrégation (il est polygénérique), il en vit en les parodiant. De ce prodige poétique Bakhtine a donné trois traits distinctifs :

1) microcosme de langages divers (le roman est dialogique et son texte polyphonique) ;

2) il organise l'espace et le temps en une structure particulière nommée « chronotope » ;

3) il est le seul genre constitué en contact avec la réalité, il se construit dans une zone de contact avec la société contemporaine, d'où son caractère hétérogène, son histoire fondamentalement inachevée, sa nature d'histoire qui veut être vraie, réelle en dépit (ou à cause) de son caractère de fiction (mythique, merveilleux, fabuleux, romanesque, réaliste, selon les époques).

C'est l'existence de cet autre monde auquel prétend tout roman (intuition fondamentale sur les rapports particuliers du roman avec le « réel ») qui rend vains les problèmes du réalisme et de la vérité appliqués au roman. L'histoire romanesque est obligatoirement, intrinsèquement fausse : l'univers construit par le romancier n'a pas été composé ou décrit en regardant le réel comme un modèle, mais à partir de mots et de modèles organisateurs : les formes romanesques. Ce qui oblige à distinguer récit, fiction, roman.

3
Récit, fiction, roman : quelles différences ?

« Le roman est une forme particulière de récit. » C'est la première phrase des *Essais sur le roman* de Michel Butor. On ne saurait mieux dire. Le roman raconte une histoire. Ni un mythe, ni une épopée (on la chante), ni un conte sous forme traditionnelle ou sous forme de nouvelle, ni un rêve. Une histoire. Et de fait le mot « histoire » a servi souvent de synonyme à roman, ainsi d'ailleurs que d'autres mots (aventures, mémoires, voyages, relations, anecdotes, annales, lettres, vie...). Le romancier est un conteur d'histoires : avant M. Butor, E. M. Forster (1927) l'avait écrit.

Tout roman est un récit, mais tout récit n'est pas un roman. Le passage du conteur au conteur d'histoires est sensible au tout début du texte d'Apulée (voir question 5) où s'écrit le passage de l'oreille (public de conte) à l'œil (lecteur). C'est un aspect du pacte narratif étudié par Jean Rousset (1986). Certains textes conservent le *topos* du pacte narratif, cet instant où une voix décide ou accepte de raconter une histoire à quelqu'un d'autre : c'est la naissance du récit.

Dans les premiers textes (grecs) qui sont assimilables à des romans (voir question 6), une voix se nomme, se singularise par un nom et déclare qu'elle va raconter une histoire. Comme on n'aura jamais de renseignements sur ces sortes de conteurs, il nous plaît de les assimiler à ce « Génie de la Narration » que Thomas Mann installe dans son roman parodique *L'Élu/Der Erwählte*. Tout puissant, sonneur de cloches au début du texte, il détient les trois personnes grammaticales, il est « maître de l'histoire » comme les griots d'Afrique sont « maîtres de la parole », c'est-à-dire maître de l'espace (don d'ubiquité, omniscience) et maître du temps. Le conteur s'affirme par un « il était une fois ». Tout romancier prend la formule au pied de la lettre et l'amplifie : il y avait une infinité de fois possible, il y aura une fois (le rêve des Surréalistes), il y aurait une fois. Sterne peut dire dans *Tristram Shandy* (III, 8) : « Une vache fit irruption demain matin » (*A cow broke in to-morrow morning*). Fuentes peut écrire dans *La Mort d'Artemio Cruz* : « Hier tu t'envoleras » (*Ayer volarás*).

C'est dans l'exploration et l'exploitation du temps que le romancier trouve sa raison d'être. Le lecteur suit le déroulement d'une action, mais qui l'a embobinée ? Ou il suit maintenant le fil d'un texte, mais qui l'a tissé ? Une sorte de conteur qui, dans un texte, devient une logique narrative qu'il faut comprendre. Raconter, écrire un récit qui s'appelle roman, c'est faire un choix de chronologie. L'emploi du temps est le problème premier du roman, qu'il s'agisse de la narration, succession temporelle d'événements. Ou des prises de parole, dialogues ou monologues, sous diverses formes. Ou de la description, alternance de simultanéité et de juxtaposition. Il faut prendre son temps autant que son espace pour décrire et il faut être Valéry et détester le roman pour oser écrire (*Degas, danse, dessin*) : « une description se compose de phrases que l'on peut, en général, intervertir. » Ce que l'on appelle action, intrigue, épisodes, incidents sont des jeux entre différents temps, différentes durées. Le romancier, comme l'ancien conteur, multiplie les épreuves, les obstacles (ces éléments étudiés par Vladimir Propp) ; il distribue à sa guise le rythme des séquences, les ralentit ou les accélère, remonte ou descend le temps, l'unifie ou le dédouble, choisit le découpage et les stratégies de retour en arrière (analepses) que le conte en général ignore (le conte file... un temps irréversible), d'anticipation (prolepses), de coupes (ellipses) ; il organise, au sens plein du terme, le « suspense » où se conjuguent temps de l'écriture, temps de l'aventure et temps de la lecture. Le conte est devenu histoire. On peut raconter des histoires vraies, véridiques, vraisemblables, des histoires pour rire ou pour pleurer. Une définition intermédiaire du roman a été pendant longtemps « histoire feinte ». « Histoire feinte écrite en prose » répétait encore le *Dictionnaire* de l'Académie au siècle dernier. Nous avons beau jeu de remarquer à présent la non-pertinence de l'opposition réalité/fiction en littérature ou en art. Roland Barthes a montré que le fictif ou le réel n'étaient pas des éléments propres à un texte mais dépendaient d'« effets » de la part du lecteur. On peut reprendre la boutade de Michel Raimond (1989 : 8) : « La seule chose qui soit réelle dans un roman, c'est son format, son volume, les couleurs de sa couverture, le nombre de pages qu'il compte. » Ajoutons : son prix. Plus sérieusement : « Le roman c'est du réel devenu langage. » Plus superbement : le roman « c'est l'imagination du possible » (1989 : 9-10).

C'est pourquoi parler de « fiction » à propos du roman est gênant et révèle quasiment un contresens, au reste récent, sur sa

nature et sa fonction. La fiction, c'est l'écriture : écrire, c'est
feindre. Le roman sait que l'écriture est feinte (peut-être à cause de
cette situation d'oralité qu'il n'a jamais oubliée). Principe premier
du roman énoncé par Tristram Shandy écrivant son autobiographie (IV, 14) : « Je ne me rattraperai jamais. » Il faut donc faire,
écrire *comme si*. Le roman, c'est le monde revenu de toutes ses
illusions, sauf celle de raconter, d'écrire une histoire. En ce sens,
tout romancier raconte la vérité, sa vérité, celle qui est ou qu'il
croit être. Le propre de l'histoire romanesque est d'être une fiction.
Elle est le « mentir vrai » cher à Aragon, tant il est vrai, comme le
remarque un personnage de la *Clélie* de Georges et de Madeleine
de Scudéry (voir question 22), que « le véritable art du mensonge
est de bien ressembler à la vérité ». Michel Butor va le même sens
lorsqu'il rappelle que le roman est « une fiction mimant la
vérité ».

Tout roman est fiction, mais toute fiction n'est pas roman
elle peut être un conte, une histoire, une série d'histoires, un texte.
Un texte est en effet une fiction : son degré zéro. Aussi, dans ces
« naissances » du roman, sera écarté ce qui relève du conte, de la
prose narrative ou du texte comme fiction, tout en reconnaissant
leur part prise dans l'évolution des formes romanesques. Citons le
Décaméron de Boccace (1313-1375), le *Songe de Poliphile* (1499)
de Francesco Colonna, le *Libro del Peregrino* de Jacobo Caviceo
(1513-1559), l'*Utopie* (1516) de Thomas More et en général
l'utopie narrative, l'*Heptameron* de Marguerite de Navarre (1492-
1549), tout Rabelais, *Le Voyage du pèlerin* de John Bunyan
(1628-1688), les *Mille et une nuits* (trad. de Galland, 1704), *Le
Manuscrit trouvé à Saragosse* de Jan Potocki (1761-1815), les
Fictions/Ficciones de Borges, pour ne prendre que quelques
exemples d'importance. Pour marquer aussi une différence fondamentale. Toute l'histoire du roman tend vers l'inversion d'un principe de composition légué par l'Orient, repris par Boccace : la
part minime d'un récit-cadre par rapport à la suite d'histoires et à
leurs regroupements possibles. Quand le roman accueille une ou
des histoires interpolées (roman picaresque, *Don Quichotte*), c'est
pour marquer qu'il existe une priorité à une narration, à une
logique narrative qui peut s'interrompre parce qu'il existe une
subordination totale de l'histoire adventice à l'histoire principale,
et non l'inverse.

Une certaine crise du roman, actuelle, mais non récente, a favorisé la promotion de ces textes. La préférence accordée à la catégorie neutre de texte, au détriment de celle de roman, est révélatrice d'un déplacement d'intérêt de la morphologie et de la poétique des formes à la narratologie. Comme le note avec pertinence M. Raimond (1989 : 7) : « Notre époque a fait un sort peut être excessif à l'étude des modalités du récit [...] Force est de reconnaître que l'étude des structures formelles ne donne pas toutes les clefs. » Après l'histoire, après l'étude formelle (la poétique), il importe en effet de songer à la matière romanesque, à l'imaginaire du roman, dans ses permanences ou ses évolutions.

 ## Quelles histoires raconter ?

Le roman, dans l'inépuisable variété de ses sous-genres, signale des thématiques privilégiées, mêlées parfois à des formes particulières : roman de chevalerie, pastoral, sentimental, historique, familial, provincial, d'apprentissage, de mœurs, maritime, de la terre, rustique, paysan, social, de l'esclavage, catholique, à thèse, de l'artiste, d'aventures et d'amour, etc. Le roman favorise la multiplication des étiquettes : ce sont les sujets qu'il aborde, selon les circonstances, les esthétiques, les thématiques dites d'époque. La liste est par définition ouverte.

Pendant longtemps l'amour a été l'enjeu principal du roman : P.-D. Huet en est convaincu (voir question 2). S'agit-il seulement d'un thème de prédilection ? Rien n'est moins sûr, en dépit d'une longue durée surprenante (de Callirhoé au dernier feuilleton) et de réussites étonnantes : *Belle du Seigneur* d'Albert Cohen est de 1968. En choisissant de raconter l'histoire des malheurs d'un couple (voir question 8), le roman grec, première forme romanesque repérable, invente ce qu'aucun conte, aucune histoire, pas même un chant amoebé de bergers amoureux, n'avait imaginé auparavant (sauf sous une forme particulière dans l'*Odyssée*, comme on le verra) : l'histoire dédoublée, deux temps à raconter et non plus un seul. Un des éléments constitutifs du roman était né : le contrepoint, l'action parallèle, le nécessaire retour en arrière (nous avons laissé X à… mais Y…). Nous parlions en effet plus haut de la rencontre d'une forme et d'une matière.

L'amour constitue donc une thématique importante du roman par sa fonction capitale dans l'économie générale de nombre d'œuvres : il est une topique fondamentale, ou encore un agencement formel essentiel, un archi-thème, forme tout autant que matière. L'amour, mais aussi l'aventure : les deux composantes du roman grec, du roman tout court, selon la juste (et pourtant ancienne) intuition d'Erwin Rohde (*Der griechische Roman und seine Vorläufer*, Leipzig, 1876). Ou mieux : le roman c'est la combinaison obligée des deux thèmes puisqu'il s'agit d'amours contrariées. On ne réfléchira jamais assez à la profondeur du dicton : les gens heureux n'ont pas d'histoire. L'aventure est bien « l'essence de la fiction ». C'est « l'irruption du hasard ou du destin dans la vie quotidienne » (Tadié, 1982 : 5). L'aventure fait de l'*Odyssée* le prototype possible de tout roman (européen) pour les cultures qui ont reconnu Homère comme autorité, référence, et pris son poème pour modèle (voir question 5). L'aventure, comme trame romanesque, accueille non seulement l'amour mais la peinture de mœurs et le *Satiricon* devient l'« ancêtre » du roman picaresque et des romans réalistes : on a plaidé naguère encore pour cette dignité (voir question 6). Choisir l'aventure n'oblige pas à aligner les épreuves (romans courtois et de chevalerie par exemple), les rencontres ou les obstacles : on retrouve ces composantes dans le conte, l'épopée, mais aussi dans le roman pastoral ou le *Bildungsroman* (voir question 25). Pourquoi ne pas parler d'une aventure essentielle, non plus d'amour, mais à partir d'un fait divers (Stendhal, Dostoïevski) ? Choisir l'aventure intérieure (de Proust à V. Woolf) ? Ou imaginer l'aventure et son contraire (de Cervantès à Sterne) ? Ou une aventure, un roman « sur rien », l'idéal de Flaubert ? On vient de parcourir les phases essentielles des cinquante questions.

Raconter dans un roman une aventure, c'est faire advenir. Que cela advienne et cela est : pouvoir de l'histoire prétendue vraie. L'*adveniat* du romancier a l'audace de se mesurer au *Fiat* du Créateur. Mais alors que la parole poétique fait advenir l'essentiel dans l'instant, la parole romanesque fait surgir, au choix, le sublime ou le trivial, la vie tout simplement.

II
LE ROMAN AVANT LE ROMAN

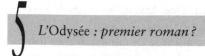

5 *L'Odysée : premier roman ?*

Il ne sera jamais possible de faire du vieil Homère un romancier. Dans la recherche des récits fondateurs où « le roman » a pu puiser, rien n'interdit de remonter plus haut, non point pour saisir la parole mythique ou épique où l'on trouvera une mise en scène romanesque toujours présente dans un quelconque contexte dramatique, mais pour observer que les aventures de Sinouhé, le « classique » égyptien (début du IIe millénaire), que d'aucuns lisent comme un roman picaresque, ont pu donner un étonnant roman moderne à la première personne, dû au Finnois Mika Waltari. Et s'il n'y a pas de roman ou plutôt de romanesque sans errances et voyages, pourquoi ne pas remonter à quelque croyance indo-européenne dont on retrouvera des traces dans les poèmes d'Ovide ou de Virgile où se lit la malédiction attachée à la navigation ?

L'*Odyssée*, devenue très tôt modèle poétique, offre, à la différence de l'*Iliade*, un contexte d'aventures, une géographie étonnante qui a tenté Victor Bérard à ce point qu'il a voulu identifier, du détroit de Gibraltar à Ithaque, près de Corfou, les escales d'Ulysse. Le poème d'Homère et le personnage d'Ulysse, mais aussi celui de Télémaque ont été pris très tôt dans un processus de narrativisation, de fictionnalisation. Il faudrait pouvoir tenir compte des références à Homère dans le roman grec (voir question 7). Ou relever les reprises et les imitations du poème dans les derniers siècles, après l'affirmation du roman en tant que genre. Nous pensons moins à l'*Ulysse* de James Joyce ou à la *Naissance de l'Odyssée*

(1927-1930) de Jean Giono ou à tel roman de Conrad qu'au *Télémaque* de Fénelon, continuation libre du chant IV et qui doit aussi beaucoup, comme roman pédagogique *ad usum Delphini*, à la dimension didactique et morale de la *Cyropédie* de Xénophon (voir question 9). Il faut aussi envisager l'*Odyssée* comme pleinement épique, au sens où l'*epos* renvoie d'abord à un récit, à une histoire récitée. En tout cas, pour Pierre Grimal (1986 : X), l'*Odyssée* peut être considérée comme « le premier roman d'aventures ».

La classique étude d'Erich Auerbach, *Mimesis* (1946-1968) s'ouvre sur une étonnante étude d'un passage du Chant XIX de l'*Odyssée*, lorsque la nourrice Euryclée, lavant les pieds de l'étranger qui a débarqué au palais, reconnaît par la cicatrice de la jambe son maître, Ulysse. Le texte alors amorce ce qui semble au lecteur moderne une digression, un retour en arrière, et pour certains même une interpolation tardive. Auerbach montre qu'Homère a un style « de premier plan ». Le procédé « subjectiviste et perspectiviste », qui dédouble les plans et manifeste ainsi le présent à travers la profondeur du passé, est « totalement étranger au style homérique » (1968 : 16). Cette remarque qui invite à une lecture prudente appelle cependant quelques nuances.

Il existe dans l'*Odyssée* un étonnant dispositif narratif, simple et efficace qui peut être lu, sans anachronisme, comme l'expression pleine, achevée de ce qui sera appelé plus tard le *suspense* ou l'effet de suspension, comme on disait au XVIIe siècle. Il est livré comme une mécanique possible, à exploiter : la toile que Pénélope tisse et défait *pendant qu'*Ulysse navigue. Pénélope est bien en effet « le personnage lointain » comme le notent R. et A. Peyrefitte (1949). Mais elle sent que « le mystère est d'ordre temporel et proversif ». D'où sa prodigieuse lutte avec et contre le temps. Faire et défaire n'est pas perdre son temps : c'est au contraire en gagner, surtout au plan narratif. Pénélope est du côté du romanesque, tout autant que les errances de son époux et de son fils.

À propos des imitations importantes et nombreuses de l'*Odyssée*, poétiques ou romanesques, G. Genette note qu'elle est le type même d'œuvre hypertextuelle (1982 : 200-201). Elle a un caractère second en tant qu'épilogue partiel de l'*Iliade* ; elle est « la cible favorite de l'écriture hypertextuelle » (Joyce, Giraudoux, Kazantzakis...). Et surtout Ulysse est en situation seconde. On parle sans cesse de lui devant lui sans le reconnaître et chez le roi

Alkinoos l'œuvre devient rétrospective par rapport à son contenu. De son côté, Jean-Marie Schaeffer (1989), réfléchissant sur le genre littéraire, part du principe que tout texte est contextuel et peut être réactivé, lu dans différents contextes : il y a des rapports entre contexte et recréation générique. La traduction change un texte de contexte et donc de genre, introduisant des « traits génériques inédits » dans le texte-cible par rapport au texte-source. Nous sommes amenés à situer, à définir autrement l'appartenance d'un texte à tel ou tel genre, selon des modalités et des critères différents de ceux qui furent contemporains de la création d'un texte (et de sa première réception). Bien évidemment, nous jugeons les épopées homériques autrement que les Grecs pouvaient le faire et l'*Odyssée* s'est fortement rapprochée du roman d'aventures après recontextualisation par rapport à la littérature romanesque. Des traits « génériquement inertes » sont devenus « génériquement pertinents » : aventures individuelles, histoire d'amour conjugal et filial, etc. L'*Odyssée*, dans le contexte littéraire actuel, peut apparaître, sous certains aspects, comme un prototype romanesque. Certains en ont fait l'œuvre-souche ou l'œuvre-mère du romanesque. Henry de Montherlant voit dans le *Satiricon* (préface à l'éd. Folio) « le père du roman latin » et « le père du roman tout court ». Le roman, que beaucoup considèrent, non sans raison, comme un enfant trouvé ou illégitime, ne manque pas de parents ni même d'ancêtres.

 Y a-t-il un roman latin ?

On ne peut se contenter de répondre en mettant en avant les objections et les restrictions qu'on doit faire à l'emploi du mot « roman » appliqué à un texte antique, son inutilité et son anachronisme. La question en cache une autre : quel corpus ? Deux textes le *Satiricon* de Pétrone et *L'Âne d'or ou les Métamorphoses* d'Apulée.

« Tout, dans le *Satiricon*, nous demeure mystérieux : l'identité de son auteur, la date de sa composition, la trame de son intrigue […] » écrit Pierre Grimal (1986 : 3). Si son auteur est un certain Pétrone, s'agit-il de Petronius Arbiter, proche de Néron, et mort en 66 après J.-C. ? C'est l'hypothèse la plus vraisemblable.

De certains détails et allusions du texte, on peut déduire que son auteur a été un contemporain de Sénèque et de Lucain. Mais le texte qui nous est parvenu est fortement lacunaire. Son titre est incertain. L'épisode sans doute le plus célèbre, le « Dîner chez Trimalcion », le nouveau riche, n'a été découvert qu'en 1650 et publié à Padoue en 1664. Il enrichit considérablement la première édition (Milan, vers 1482) et la première édition française (Paris, 1520).

Ce que l'on possède présente les tribulations de trois jeunes hommes, Encolpe, Ascylte escortés de Giton (le nom est devenu substantif péjoratif, synonyme, disent les dictionnaires, de mignon). Aventuriers, parasites et escrocs au petit pied, ils évoluent en Italie méridionale. À la faveur de leurs errances défile une suite de types sociaux (marchands, rhéteurs, poètes et lettrés, femmes, matrones et prêtresses entreprenantes), dans une tonalité où alternent la caricature, la satire et le grivois ou l'érotique. Le dîner de Trimaldon (chap. XXVII à LXXVIII) est l'occasion pour les convives de multiplier les histoires et les anecdotes. On comprend alors qu'un tel texte, fondé sur l'alternance d'aventures, de portraits et de scènes réalistes (esthétique ignorée du roman grec ou hellénistique), ait pu être qualifié par Pierre Grimal (1986 : XXII) de « véritable roman picaresque » (voir question 18) et tenu par Françoise Desbordes (édition Garnier-Flammarion) pour « le premier roman ».

Les *Métamorphoses* d'Apulée (125-180 apr. J.-C.) sont aussi pour Pierre Grimal un roman picaresque (1986 : 141). C'est un récit à la première personne. Découpé en onze livres, tenu par certains pour incomplet, il offre, plus nettement que le *Satiricon*, une suite d'aventures. Apulée s'inspire de Lucien de Samosate, lequel a exploité un certain Lucius de Patras. Le héros d'Apulée, Lucius, se rend en Thessalie pour affaires ; il va traverser des milieux fort différents, les brigands et les riches marchands, et connaître diverses expériences amoureuses. Trop intéressé par la magie et la sorcellerie, il est victime de sa *curiositas* (soif de connaissances) et métamorphosé en âne. Il servira ainsi plusieurs maîtres, schéma canonique du récit picaresque. Des anecdotes et des histoires viennent interrompre le fil des aventures : la plus célèbre, entre mythe et conte traditionnel (celui de la Belle et la Bête), les amours de Psyché et de Cupidon, inspirera nombre de poètes et d'artistes.

Dès le début, Apulée se réclame explicitement de la tradition des « fables milésiennes », référence qui renvoie à l'oralité, aux contes et légendes. Le *sermo milesius* est proche de la satura, rhapsodie ou pot-pourri d'histoires. C'est une prose libre, fondée sur la variété et le mélange des genres, à la tonalité volontiers leste et satirique. Mais selon le bon mot de Jean-Louis Bory (édition Folio), les mésaventures de cet âne sont aussi une histoire de l'âme : texte à double fond qui inscrit Psyché (l'âme) en son cœur et se transforme en quête initiatique. La déesse Isis permettra à Lucius de recouvrer sa forme humaine et de mettre un terme à une odyssée érotico-comique où d'aucuns peuvent toujours lire le triomphe de l'homme sur la bête.

À la différence du *Satiricon*, *L'Âne d'or* a connu très vite une assez large fortune. Pétrarque en possédait une version et l'a annotée. Boccace qui avait recopié le texte d'après un manuscrit le connaissait bien. Une référence à Apulée figure dans la *Celestina* (1499) de Fernando de Rojas. Boiardo le traduit en italien en 1508. Et certaines similitudes peuvent laisser perplexe, qu'il s'agisse du *Lazarillo de Tormes* ou du *Don Quichotte* : l'épisode des outres de vin n'est-il pas droit sorti de celui où Lucius croit tuer trois voleurs et transperce trois outres (III, 17) ? L'écrivain et grammairien latin Macrobe (fin IV⁽ᵉ⁾ siècle apr. J.-C.) dans son commentaire au *Songe de Scipion* de Cicéron est le premier (dans l'état actuel des connaissances) à associer les textes de Pétrone et Apulée dans la catégorie des *fabulae*. Le mot figure chez Apulée qui utilise aussi ceux d'*historia* et de *fabella*, diminutif plutôt dépréciatif, renvoyant aux contes de vieille femme, celle qui justement raconte l'histoire de Psyché. La catégorie de *fabula* chez Macrobe est plutôt large : elle s'ouvre aux mythes, aux comédies de Ménandre, aux fables d'Ésope... Ces « fables » ont une fonction à la fois récréative (*delectatio*) et didactique (*utilitas*). Or il est significatif que Macrobe dénie à ces deux textes la seconde fonction. Et ce serait pour nous, rétrospectivement, une caractéristique évidente qui les ferait passer pour des romans. Non point picaresques, car il s'agit là d'une lecture et d'une interprétation nettement anachroniques et rétroactives, mais, dans le cadre d'une recontextualisation, comme pour l'*Odyssée*, des fictions romanesques où se mêlent fantaisie et vérité, réel et imaginaire en une histoire qui a pour raison d'être et pour justification esthétique le plaisir de raconter et le divertissement que procure la lecture. Ce que dit d'entrée de jeu Lucius : « Je vais, dans cette prose milésienne, te confier toute une série d'histoires variées et flatter ton oreille bienveillante d'un murmure caressant – pourvu que tu daignes jeter les yeux sur ce papyrus égyptien, que la pointe d'un roseau du Nil a couvert d'écriture – et tu t'émerveilleras en voyant des êtres humains changer de nature et de condition pour prendre une autre forme, puis par un mouvement inverse se transformer à nouveau en eux-mêmes. Je commence. »

7 Qu'appelle-t-on roman grec ?

Trois textes composent ce que l'on appelle en général le roman grec. À ce corpus s'ajoutent quelques titres d'ouvrages perdus ou de textes tronqués, voire abrégés, comme les *Éphésiaques* de Xénophon d'Éphèse (vers le IIe siècle). Leurs auteurs restent quasiment des inconnus et sur leur datation planent encore certaines incertitudes.

La chronologie admise aujourd'hui situe *Les Aventures de Chéréas et de Callirhoé* vers la fin du Ier siècle apr. J.-C. ou le début du IIe siècle. La première phrase livre un nom et une fonction, sans plus : « Moi, Chariton d'Aphrodise, secrétaire du rhéteur Athénagore, je vais conter une histoire d'amour qui est arrivée à Syracuse. » En se fondant sur certains papyri, on considère que ce texte a pu être rédigé après 150 apr. J.-C. Il serait donc contemporain des *Métamorphoses* d'Apulée et pour certains il est antérieur et peut donc être tenu pour le « premier roman ». Le mot « aventures » ne doit pas faire illusion. Il est la traduction d'une tournure plutôt vague (*Ta peri*) suivie des noms des deux protagonistes. On peut aussi avoir la formule *Ta kata* : il s'agit de raconter *ce qui* est arrivé à deux personnages, *les choses* qui sont survenues à une époque de leur vie. En résumé : beaucoup de malheurs répartis en huit livres (Grimal, 1986 : 385-513). L'histoire commence à Syracuse, à une période qui peut être située vers le Ve siècle av. J.-C. Elle débute parce qu'il faut appeler un coup de foudre. Mais peu après les noces, Chéréas, jaloux, frappe sa jeune épouse et l'abandonne, la croyant morte. Callirhoé se réveille alors qu'elle va être ensevelie, mais c'est pour être enlevée par des pirates. Emmenée à Milet, en Asie mineure, elle est vendue à Dionysos qui s'éprend d'elle.

Callirhoé, enceinte, accepte le mariage. Chéréas, parti à la recherche de son épouse, ne peut communiquer avec elle. Les domestiques de Dionysos font croire à Callirhoé que Chéréas est mort alors que ce dernier est vendu comme esclave à Mithridate. Nous sommes à peine à la moitié de l'histoire. Au début du Livre V, le conteur tient à donner en un curieux résumé les principales péripéties et il enchaîne : « Maintenant je vais raconter ce qui arriva ensuite. » Guerre entre les Perses et les Égyptiens qui se sont révoltés : Chéréas se couvre de gloire et ses prouesses en font un émule d'Alexandre ou de Cyrus. Il retrouve enfin sa Callirhoé. Retour au point de départ, Syracuse, avec tous les honneurs. Callirhoé remercie Aphrodite et lui demande de ne plus être séparée de Chéréas, « de vivre heureux et de mourir ensemble ».

Les Aventures de Leucippé et de Clitophon d'Achilles Tatius (Achille Tatius) peut être daté de la fin du IIe siècle apr. J.-C. ou début du IIIe siècle. On a pu aussi penser qu'il était postérieur au texte d'Héliodore (le troisième roman retenu) et en être parfois une parodie. L'auteur est un rhéteur qui serait originaire d'Alexandrie (un éloge de la ville figure au Livre V) et qui serait fait chrétien. On ne manque pas de signaler que ces aventures font l'apologie de la chasteté et de la pureté en amour. L'histoire qui se déroule entre Tyr, en Syrie, et le Delta du Nil commence à Sidon avec la rencontre du narrateur et d'un jeune, homme dans le temple d'Astarté, devant un tableau, un ex-voto dont le thème est l'enlèvement d'Europe. Le narrateur, « éternel amoureux », est en admiration devant le tableau (la description en ouverture est un bel exemple d'exercice rhétorique et narratif, l'*ekphrasis*) et surtout devant le thème de l'amour, ce qui pousse le jeune homme présent à raconter ses aventures. « Et lui commença de la sorte : je suis phénicien… » Clitophon est tombé amoureux de sa cousine Leucippé alors qu'il devait épouser sa demi-sœur Calligoné. Fuite des deux jeunes gens vers Alexandrie et début d'une série d'aventures jusqu'aux retrouvailles pour une heureuse fin, particulièrement expédiée, qui a pu faire penser à un texte tronqué.

Les *Éthiopiques* ou *Histoire de Théagène et Chariclée* (Grimal, 1986 : 521-789) serait du IIIe siècle apr. J.-C., voire du IVe. Son auteur, un certain Héliodore d'Émèse (l'actuelle Homs de Syrie), passe pour avoir été prêtre et certains en ont fait un évêque. À la fin du Xe et dernier livre, l'auteur se présente comme « dc la

race du Soleil », mais ne s'appelle-t-il pas justement Héliodore ?
L'histoire commence à Delphes, près du temple d'Apollon, et là
encore par un coup de foudre réciproque entre la splendide et mystérieuse Chariclée et Théagène, prince de Thessalie. Ils se jurent
aussitôt un amour éternel et s'engagent à rester chastes jusqu'à
leurs noces. Fuite en Égypte, puis en Éthiopie (d'où le titre) où ils
sont faits prisonniers et condamnés à mort. C'est alors qu'on
découvre opportunément que la jeune fille n'est autre que la fille
d'Hydaspe, roi d'Éthiopie.

Ces trois « romans » ont connu des fortunes diverses. Ils
n'ont pas été ignorés du Moyen Âge : on peut mentionner les
influences du roman grec sur l'*Eracle* de Gautier d'Arras, rival
malheureux de Chrétien de Troyes qui lui aussi a exploité le genre
dans son *Clygès* (voir question 12). Le genre a été encore cultivé à
la cour de Byzance. Il existe d'autres histoires dans lesquelles un
couple connaît un trop-plein d'aventures : par exemple celles de
Drosilla et Chariclès ou celles de Rodanthe et Dosiclès, toutes deux
de la seconde moitié du XIIᵉ siècle. C'est la raison pour laquelle on
parle aussi de roman byzantin ou d'histoire byzantine.

Le manuscrit de *Chéréas et Callirhoé* date du XIIIᵉ siècle et la
première édition (en français) est fort tardive (Amsterdam, 1750),
suivie en une quinzaine d'années d'éditions italienne, allemande et
anglaise. C'est dire qu'elle a eu dans les temps modernes une réception limitée. *Leucippé et Clitophon* a connu des traductions et des
éditions beaucoup plus anciennes, en particulier en italien (Venise,
1551) et en français (Lyon, 1572). C'est aussi à Venise qu'est
publiée en 1552 la très curieuse *Historia de los amores de Clareo
y Florisea* du *converso* (Juif converti) Alonso Nuñez de Reinoso.
C'est une *novela bizantina*, croisant les thèmes chevaleresques et
pastoraux, influencée par Achille Tatius et Héliodore.

La réception qu'a connue le roman d'Héliodore est de loin la
plus importante pour le développement du genre romanesque.
L'humaniste Jacques Amyot traduit et publie en 1547 l'*Histoire
aethiopique de Héliodore*. En un siècle on compte plus de soixante-
dix éditions. Le roman est traduit dans le même temps cinq fois en
Espagne. Il a inspiré Le Tasse dans l'élaboration de son héroïne
Clorinde, Shakespeare dans *Cymbeline*. Cervantès veut expressément « rivaliser » avec Héliodore en composant son dernier roman
qu'il juge supérieur au *Don Quichotte* : *Los trabajos de Persiles y*

Segismonda (1617), traduit et préfacé récemment par M. Molho (Corti, 1994).

C'est encore le modèle du roman grec qu'il faut invoquer pour comprendre le grand roman héroïque illustré par Mlle de Scudéry (voir question 22). À la même époque, le jeune Racine lit avec passion Héliodore à Port-Royal. Faut-il voir plus près de nous ? Massimo Fusillo lit dans les amours contrariées de *I Promessi sposi* de Manzoni, le grand roman historique (voir question 26), l'héritage, le ressort narratif essentiel légué par le roman grec. N'est-ce pas accorder à un texte nommé *a posteriori* roman une audience et un rayonnement démesurés ?

 Le roman grec : naissance du roman ou naissance du romanesque ?

Les textes présentés offrent tous trois le même schéma quant à la structure narrative et plus encore la même thématique. Un même récit (*diegesis*) en trois temps : la rencontre amoureuse, puis la séparation, enfin les retrouvailles pour une fin heureuse (la fameuse... *happy end*). Il combine avec efficacité l'amour et le destin, l'*eros* et la *tuché*, les deux grands *topoï* de tout le romanesque à venir. La critique que Zola a portée aux romans grecs est sans doute aussi le plus bel éloge involontaire : « la même histoire banale et invraisemblable [...] quelques pantins ridicules promenés dans une nature fausse » (Grimal, 1986 : XIX). Le roman grec ne vise pas en effet à la critique morale et sociale (comme le *Satiricon*), il n'est pas un roman de formation avant la lettre (comme *L'Âne d'or*), il ne cherche pas à provoquer le rire. Avec raison Massimo Fusillo conclut (1991 : 195) : « La principale nouveauté du roman grec est d'avoir donné à l'amour une position absolument centrale [...]. » Cet amour n'est plus transcrit à travers des figures mythologiques, il est mis en action dans une histoire exceptionnelle qui ne saurait être celle de toute une vie, et il tient lieu de réalité qui oriente tout à la fois un récit et deux destinées humaines.

Avec l'amour, à cause de l'amour advient l'aventure. Principe fondamental, centrifuge de la narration : la fuite des amants, suivie de la séparation et de l'errance, les premiers effets de la Fortune aveugle, du Destin, de la *Tuché*. Pas d'amour sans malheurs, sans obstacles et péripéties. Suivent les coups de théâtre, les catastrophes, les voyages, les tempêtes, les naufrages, les pirates, les brigands, les fausses morts, les guerres et conflits en tout genre, les rencontres différées, précieux effet de retardement sans lequel il n'y a pas de suspense, la reconnaissance et enfin... le retour au point de départ, le mouvement centripète qui n'est pas un retour à l'équilibre initial mais à un nouvel ordre de bonheur. Le bonheur a été obtenu par des épreuves qui étaient donc nécessaires. Elles précipitent les héros dans la contingence totale, mais leur histoire a un sens grâce à ce bonheur final. C'est l'amour qui s'affirme, garant d'une issue heureuse. Aucun moralisme n'est débité, aucun psychologisme non plus dans un récit où les qualités physiques et morales sont données d'entrée de jeu. La beauté hyperbolique de l'héroïne entre pour une bonne part dans ses infortunes et elle est seule, comme son compagnon, face à ses malheurs, au grand bénéfice de l'action, voire du merveilleux. On peut alors se demander, en une interrogation qui est peut-être la grande leçon du romanesque : est-ce la fortune aveugle qui organise l'histoire ou l'amour aux yeux bandés qui a distribué les rôles et tout prévu ? Et avant tout une histoire hors du commun, extraordinaire.

Le « romancier » grec est d'abord un conteur. Comment pourrait-il en être autrement ? Qui y a-t-il avant lui ? L'aède qui chante les combats, le poète qui parle d'amour. Il ne peut invoquer les muses pour l'inspirer et le « il était une fois » a déjà été pris par la vieille femme qui raconte ses histoires. Il remplace la formule par un début *in medias res* (ce qui permettra de copieux retours en arrière) et se souvient aussi d'un *in illo tempore*, une époque pas trop reculée, mais suffisamment lointaine pour conserver une distance, un effet chronologique qui permettra l'anachronisme. Il va mettre par écrit la tradition orale et garder des anciens contes le dynamisme fondamental d'une histoire sans cesse projetée en avant. Il a pris au conte son temps finalisé : il n'est sans doute pas encore romancier, mais il est maître de tout le temps. Il en profite. Bon conteur, il a fait un pari sur la curiosité qui est en chaque homme d'apprendre une histoire, le désir de connaître qui n'a d'égal que le plaisir de conter. Pas de romanesque sans cette volonté de gagner un tel pari.

Le romancier grec ne raconte pas une histoire mais deux ou une histoire dédoublée puisqu'il s'agit d'une histoire d'amour. Il a inventé sans trop le savoir le contrepoint narratif, l'anticipation dramatique et le retour en arrière, le fil du conte et la digression, les aventures parallèles et cependant décalées, la répétition et la différence, l'art de la fugue narrative, celui de mettre de l'ordre et du temps dans la confusion de la vie et l'imbroglio des existences. Il a sinon inventé (pensons à l'*Odyssée*), du moins exploité d'autres dédoublements plus troublants : celui de l'homme qui raconte son histoire et celui du conteur avec son objectivité devant des personnages d'une singularité exemplaire. C'est elle qui donne le change et fait croire à leur capacité de choisir, laquelle ne relève que de celle du narrateur devant des possibles narratifs. Raconter c'est choisir : autre leçon d'écriture léguée par le romanesque grec.

L'invention romanesque a pourtant ses limites. P. Grimal (1986 : XIX) tient beaucoup à montrer comment ces histoires ne s'inscrivent pas dans une géographie imaginaire. C'est ainsi qu'est réintroduit le réalisme sans lequel il n'y a pas, pour certains, de roman. Autrement dit : les errances amoureuses sont écrites par et pour un « peuple maritime ». Non, Héliodore ne construit pas une « Égypte de fantaisie » ou une « Éthiopie d'opérette » (*ibid.* : 519). Il est bien question chez Achille Tatius d'un phare dans l'île de Pharos : nous sommes à Alexandrie. Qui l'eût cru ? Nous avons une « atmosphère réelle de maison de la grande bourgeoisie » et nous pouvons circuler dans un « souk » (*ibid.* : 873). Cette lecture est gênante, non point parce que le romanesque n'y trouverait pas son compte, mais parce que le roman grec est lu comme un ancêtre trop direct du roman réaliste du XIXᵉ siècle. Il en va de même pour les héros qui ne sont pas comparables à ceux de Stendhal ou de Balzac même si, là encore, « la Grèce a montré la route ».

Au reste, pour reprendre la formule d'André Billault (1991 : 303), « les romanciers grecs ne sont pas des inventeurs mais des héritiers ». On ne peut qu'être frappé par le nombre des réminiscences littéraires, Homère au premier chef. Ce qui d'ailleurs doit rendre prudent pour définir la culture des « romanciers » et le public auquel ils s'adressaient. Ils pratiquent (déjà ?) le dialogisme et l'intertextualité, voire le collage (utilisation de la lettre) et la parodie, dans l'utilisation de procédés rhétoriques, dans les travestissements de l'histoire et les situations tragiques inversées. Le

« roman » grec est tributaire d'une tradition déjà bien établie par la comédie grecque (la *Nea*) où les jeunes entrent en conflit avec la société. Il y a une volonté d'information, sans didactisme, qui montre un travail non négligeable d'exploitation de sources livresques. Le triomphe du romanesque en tant que thème et imaginaire n'exclut pas une réflexion poétique sur l'écriture de ce même romanesque.

9 Y a-t-il d'autres modèles romanesques légués par l'Antiquité ?

Du IVe siècle avant J.-C. au Ve ou VIe siècle après J.-C. les lettres antiques fournissent six textes qui par la suite ont été utilisés comme des modèles romanesques. Ils intéressent donc tous à des degrés divers le développement des formes romanesques et l'histoire du roman.

1) *La Cyropédie* (378-362 av. J.-C.) de Xénophon (430-355 av. J.-C.) a pu être considéré par des spécialistes comme « le premier roman historique » et Xénophon comme le « créateur » du genre (éd. P. Chambry, GF : 18). On peut à bon droit le lire comme la première biographie romancée, genre hybride dans lequel se sont illustrés certains écrivains comme Stefan Zweig (1881-1942). Cyrus, roi des Perses, a reçu une éducation spartiate et il devient en fait l'idéal du chef militaire, grand conquérant, exemple d'endurance, de sang-froid, de piété, d'intelligence et de bonté, esprit supérieur que Xénophon, en critique de la démocratie athénienne, propose comme modèle. Il lui invente une enfance, atténue ou passe sous silence des défauts, lui attribue des conquêtes qui reviennent à son fils Cambyse, élabore une mort théâtrale et édifiante, en dissertant sur l'immortalité de l'âme : on songe évidemment à Socrate. Il invente des personnages secondaires, comme Abradatas et sa femme Panthée. La dimension didactique, l'une des raisons du succès de l'ouvrage, est subordonnée à la mise en forme romanesque d'une vie hors du commun.

2) *L'Histoire véritable* de Lucien de Samosate (123-190 apr. J.-C.) est un récit imaginaire, parodie et satire de la littérature géographique dont Hérodote est le fondateur. Traduite pour la pre-

mière fois en latin (Naples, 1475), elle est le prototype des utopies romanesques (Th. More, Cyrano de Bergerac, *Voyages de Gulliver*, *Micromégas*…). Mais l'utopie, à commencer par celle de Thomas More, doit aussi quelque chose au mythe de l'Atlantide transcrit par Platon et à la littérature géographique de l'époque. Le texte de Lucien a connu une seconde jeunesse grâce à la traduction de Perrot d'Ablancourt (1654), célèbre pour ses « belles infidèles ».

3) *Daphnis et Chloé* (IIe siècle apr. J.-C.) d'un certain Longus, Grec, qui serait contemporain de l'empereur Hadrien et d'Apulée, peut être considéré comme le modèle du récit pastoral. L'idylle, l'églogue, la thématique rustique existaient avant Longus, illustrées par Théocrite et Virgile. Ici, une nature, sommairement évoquée (l'auteur veut rivaliser avec un tableau, autre trace du procédé clé de l'*ekphrasis*), est le cadre convenu pour une histoire d'amour concentrée sur deux personnages et n'accordant que peu de place à des intrigues et à des personnages secondaires. Comme toutes les héroïnes, Chloé est enlevée, mais pour quelques heures et la séparation s'inscrit dans le cadre circonscrit de l'île de Lesbos. Il s'agit de montrer et de suivre la découverte et la naissance de l'amour par deux adolescents. Ce n'est donc pas une fable idyllique, mais la narration dans une atmosphère bucolique d'une psychologie amoureuse. Le texte, redécouvert au XVIe siècle par des traductions, en particulier celle d'Amyot en 1559, est en grande partie à l'origine du roman pastoral (voir question 17).

4) C'est à Lesbos qu'est né vers 170 apr. J.-C. Philostrate l'Athénien. Rhéteur, comme Lucien, il a enseigné à Athènes puis il passa à Rome où il devint un familier de l'impératrice Julia Domna, d'origine syrienne, épouse de Septime Sévère et mère de Caracalla. À la demande de cette dernière Philostrate rédige *La Vie d'Appolonios de Tyane*, un initié qui diffusa en Orient le culte solaire. L'ouvrage (entre 217 apr. J.-C. et 245), assez long (Grimal, 1986 : 1031-1338), est un jalon dans l'évolution de la prose, où se mêlent la biographie et le « ton romanesque » en empruntant à Héliodore et Achille Tatius. Il peut aussi intéresser indirectement la constitution d'une forme romanesque entre le IVe et le Xe siècle. En effet, on a pu recenser une soixantaine de manuscrits entre le IXe et le Xe siècle consignant l'*historia Apollonii regis Tyri*, l'*Histoire d'Apollonius roi de Tyr*, texte qui, par ses diverses versions et adaptations, a connu une fortune considérable pendant

tout le Moyen Âge et encore après a servi d'argument par exemple au *Périclès* de Shakespeare. C'est l'histoire d'un père incestueux dont le motif est celui du conte de *Peau d'âne*. D'un Appolonios à un autre, la ressemblance onomastique peut intriguer, comme bien d'autres qui renvoient à l'histoire religieuse et aux rapports entre Orient et Occident, comme le remarque Michel Zink (1982 : 37). En Espagne, *El Libro de Apolonio*, monument de la littérature médiévale en vers (*la cuaderna via*) du XIIIᵉ siècle, montre clairement les influences de modèles français et, au-delà, du romanesque grec.

5) L'*Historia augusta* (IVᵉ siècle environ) est un recueil en latin comprenant pour l'essentiel les biographies des empereurs romains depuis Hadrien (117-138) jusqu'à Numérien (283). Il est l'œuvre de différents historiographes de l'Antiquité tardive. Une fois encore un tel texte attire l'attention sur les rapports à établir entre la forme romanesque et la vie, les faits et gestes d'un être singulier. Cela ne veut pas dire qu'il faille aussi tenir Plutarque ou Cornelius Nepos pour des précurseurs ou des modèles du roman. Il s'agit plus directement ici de la mise en récit d'une matière historique, avec un personnage comme fil conducteur. Marguerite Yourcenar, dans *Sous bénéfice d'inventaire*, a fait une présentation de ce texte composite dont elle s'est servi pour les *Mémoires d'Hadrien* : « Dans chaque cas, c'est l'imagination du lecteur moderne qui isole et dégage de cet énorme fatras de faits divers plus ou moins controuvés la gouttelette de poésie, ou, ce qui revient au même, la parcelle d'intense et immédiate réalité. »

6) *Le Roman d'Alexandre* dit du Pseudo-Callisthène. Le texte grec original qui remonte au IIIᵉ siècle apr. J.-C. a disparu. Le vrai Callisthène (d'Olynthe), neveu d'Aristote et historien personnel d'Alexandre, a été exécuté par ce dernier en 327 av. J.-C. pour avoir rappelé à son maître qu'il était un simple mortel. La geste d'Alexandre a évidemment inspiré nombre de poètes et d'historiens. Rappelons que, parmi différentes versions en vers du XIIᵉ siècle, une compilation en dodécasyllabes a donné naissance au vers français dit alexandrin. Le conquérant a inspiré Quinte-Curse au Iᵉʳ siècle apr. J.-C. et des compilations, comme celles, en prose latine, de Julius Valerius (IVᵉ siècle apr. J.-C.) ou de Léon Diacre qui a vécu à la cour de Naples (*De preliis*, Xᵉ siècle) qui s'inspirent du Pseudo-Callisthène.

Celui-ci est connu grâce à une version du XIᵉ siècle, très fautive. Mais on en possède une précieuse, en arménien (Vᵉ siècle), d'autres en syriaque (VIᵉ siècle), en éthiopien (IXᵉ siècle), en grec byzantin (XIIIᵉ siècle) et bien sûr en latin. Une édition, en langue française, accessible (GF), a été établie par Aline Tallet-Bonvallot à partir du texte grec corrigé par la version arménienne. Il s'agit plus d'un roman, au sens moderne du terme, que d'une biographie historique. À juste titre, A. Tallet-Bonvalot souligne l'intérêt de ce texte (« comme si le narrateur cherchait [...] à donner naissance à un genre nouveau »). La narration ne rend compte d'aucun projet politique ni d'aucun souci chronologique ou géographique : Alexandre y apparaît comme un héros romanesque, problématique, s'interrogeant sur ses origines, les dieux, ce qu'il doit faire, sa vie et sa mort. Elle comporte des dialogues, des digressions, des lettres qui donnent un tour autobiographique. Elle développe une thématique romanesque entretenant le suspense et relançant l'action (présages, songes, prodiges, complots...). Texte en effet surprenant : même s'il est de la main de plusieurs auteurs, il est « le fruit d'une lutte volontaire menée avec les mots et les moyens de l'art contre le temps et l'oubli, pour le plaisir et l'immortalité ». Enfin, par le sujet choisi et par son rayonnement dans le haut Moyen Âge, il introduit directement au « roman antique ».

 ## Que faut-il entendre par roman antique ?

On parle aussi de « romans d'antiquité ». On se gardera de les confondre avec des textes conçus dans les premiers siècles de notre ère (par ex. le « roman hagiographique et apologétique » *La Confession de saint Cyprien* appelé « antique » par P. Grimal, 1986 : XXIV). Il s'agit en fait de la première apparition d'histoires (*estoires*) inspirées de la matière antique ou « matière de Rome »), écrites en vers et en langue « romane », d'où l'expression « mise en roman » renvoyant à des textes qui ne sont plus écrits en latin.

Trois œuvres composent la série canonique des romans antiques : le *Roman d'Eneas*, inspiré de l'*Énéide* de Virgile (vers 1150), le *Roman de Thèbes* (vers 1155) librement inspiré de la

Thébaïde de Stace (poète latin de la seconde moitié du Ier siècle apr. J.-C.) et le *Roman de Troie* (entre 1160 et 1170) dû à Benoît de Sainte-Maure. Elles mêlent à un cadre historique assez lâche dans lequel les anachronismes sont fréquents (les croisades sont évoquées) des histoires d'amour, la « grande affaire du roman » comme l'écrit Michel Zink (1993 : 63) et des thèmes celtiques qu'on nomme « matière de Bretagne » (voir question 11). Ces trois « romans » ont été conçus dans le cadre du royaume anglo-normand des Plantagenêts.

L'utilisation de cette matière antique est également sensible dans d'autres textes qui exploitent les *Métamorphoses* d'Ovide (*Pyrame et Thisbé* par exemple), la *Consolatio Philosophiae* de Boèce, la *Pharsale* de Lucain, sans oublier l'histoire de Jules César et surtout celle d'Alexandre. Le roman antique est, sous cet angle, une des manifestations de cette « Renaissance du XIIe siècle » pour reprendre la formule célèbre de Ch. H. Haskins (1927). Mais la naissance et le développement de ce genre nouveau à la cour d'Henri II Plantagenêt et d'Aliénor d'Aquitaine (première épouse de Louis VII le Jeune en 1137) font de cette littérature narrative la première expression d'une littérature de fiction, caractéristique d'une époque qu'on a pu aussi définir comme le siècle d'Aliénor, morte en 1204, l'année où les Croisés s'emparent de Constantinople.

Dans l'étude qu'elle a consacrée à la présence et au rayonnement de l'*Énéide* au XIIe siècle, Francine Mora-Lebrun (1994) a montré comment le poème de Virgile a contribué, à travers certaines adaptations, à la « naissance du roman ». Virgile avait conçu un héros irréprochable : le XIIe siècle a préféré un Énée traître à sa patrie, accusé d'avoir livré Troie aux Grecs. Bien plus : sous l'influence de la philosophie de l'école de Chartres, Énée est devenu le symbole de l'âme humaine, coupable de s'être incarnée, d'avoir cédé à l'ivresse du corps, d'être en quête d'elle-même. Ainsi est né, comme l'écrit F. Mora-Lebrun, « l'un des premiers héros de roman, complexe, ambigu et intérieurement divisé, "problématique" au sens lukácsien, auquel le sens du monde et de son périple n'est pas donné d'emblée » (1994 : 67-235). Le paradigme de l'épopée latine se change en « matière du genre romanesque naissant ».

Le Roman de Thèbes mêle les aventures des fils d'Œdipe, frères ennemis qui se disputent la ville, à des histoires d'amour

(Athon-Ismène, Antigone-Parthonopeus, Eteoclus-Salemandre...).
Il est écrit, comme les deux autres, non plus avec la laisse épique
mais avec l'octosyllabe à rimes plates qui va devenir, avec Chrétien de Troyes, le mètre du roman médiéval. Il est, comme le texte
précédent, anonyme. En revanche, le *Roman de Troie* a un auteur
connu : Benoît de Sainte-Maure.

Originaire de la petite ville de Touraine du même nom, il
semble avoir vécu à la cour de Henri II Plantagenêt. S'il est bien
aussi l'auteur, vers 1175, d'une *Chronique des Ducs de Normandie*, composée en vers (plus de 40 000...) et inachevée, et le successeur, à ce titre, du chroniqueur royal Robert Wace (voir question
11), on voit bien les affinités entre histoire et roman. Son *Roman
de Troie* est une amplification (plus de 30 000 vers...) de deux
résumés tardifs de l'*Iliade* en langue latine dus à Dictys de Crète
(IVᵉ siècle) et à Darès le Phrygien (VIᵉ siècle). On les tient à l'époque
pour des témoins oculaires dignes de foi. Outre d'inévitables combats (on en a dénombré 23 !), ce roman multiplie les histoires
d'amour (Achille et Polyxène, Médée et Jason, Troïlus et Briséida,
dont Shakespeare se souviendra avec *Troïlus et Cressida*). Mis en
prose par la suite, il a connu en France et en Europe un succès
certain au XIIIᵉ siècle. On dispose d'une édition moderne de ce
« roman » (éd. par E. Baumgartner, Paris, UGE, 1987).

Cette littérature narrative exploite le passé. Puiser dans le
présent, comme l'observe M. Zink, ne peut être le résultat que
d'une prise de conscience progressive des rapports entre vérité et
fiction, entre vérité et sens. La littérature de l'Occident médiéval ne
commence à traiter de sujets contemporains qu'au début du
XIIIᵉ siècle, dans des narrations brèves (fabliaux, exemples ou
exempla). En outre, le cheminement vers le présent est l'affirmation d'une littérature subjective qui s'organise à partir du « je »
(Zink, 1985). Enfin, l'exploitation du monde breton ou de la
« matière » de Bretagne, présente dans ces « romans », puis reprise
avec Chrétien de Troyes, marque le passage d'une vérité historique
à une « vérité de sens » qui amène l'auteur à imposer sa présence
comme seule garantie et cohérence : le « roman » acquiert une
vérité interne fondée sur l'autorité du romancier.

11

Qu'est-ce que la matière de Bretagne ?

Par « matière de Bretagne » il faut comprendre l'ensemble des thèmes, des mythes, des personnages et même des structures narratives issu du fonds des langues et cultures celtiques. Aussi parle-t-on volontiers de roman « breton ». L'expression remonte au XIIᵉ siècle. Jean Bodel, poète picard, distingue, dans sa *Chanson de Saisnes* (mot qui signifie Saxons), la « matière de Rome » des romans antiques, la « matière de France » des chansons de geste et la « matière de Bretagne », connue depuis plus d'un demi-siècle et associée à l'espace politique et culturel anglo-normand.

Le chroniqueur Geoffroi de Monmouth achève vers 1136-1138 une *Historia regum Britanniae* dans laquelle Brutus, descendant d'Énée, devient le fondateur d'une dynastie qui s'achève avec le roi Artus. Celui-ci devient le champion de l'indépendance bretonne contre les Saxons. Il étend sa domination sur la Grande-Bretagne, l'Écosse, l'Irlande et sur la Normandie. L'Artus de Monmouth est un roi courtois qui aime à donner des fêtes à Caerléon où il tient sa cour. C'est un guerrier redoutable, armé de son épée Excalibur, forgée en Avalon. Il terrasse un géant près du Mont Saint-Michel. Lors de son expédition contre Rome, il apprend la trahison de son neveu Morfred et de sa femme Guenièvre (Gwenhwyfar). Il se venge de son neveu en le tuant, mais, blessé à mort, il est emporté par les fées à l'île d'Avalon. Monmouth met également en scène Uterpendragon, père d'Artus, Merlin et ses prophéties, le Duc de Tintagel (en Cornouailles) dont la femme Ygerne, séduite par Uterpendragon, sera mère d'Artus. Mais l'existence réelle de ce dernier semble plus qu'hypothétique et Gaston Paris parlait déjà au début de ce siècle d'une « audacieuse mystification » tandis qu'Edmond Faral a étudié les étapes d'une légende et son influence.

Vers 1155, Robert Wace, clerc à Caen et chanoine à Bayeux, achève un *Brut* ou *Roman de Brut* qui relate en vers octosyllabiques (14 866) l'histoire des rois britanniques depuis son fondateur en s'inspirant de Geoffroy de Monmouth. C'est avec Wace qu'apparaît pour la première fois l'ordre de la Table Ronde, créé par le roi Artus. L'ouvrage, semble-t-il, était dédié à la reine Aliénor. Ainsi, comme l'écrit Michel Rousse (*Le Chevalier au Lion* de Chrétien de

Troyes, Paris, Flammarion, 1990) : « On a toutes raisons de croire que c'est en cette cour d'Angleterre que naquit le roman. [...] Le nom d'une langue devint le nom d'un genre. » Précisons : des histoires glosées, « mises en roman », en langue vulgaire. Et Michel Zink parle avec l'introduction de références celtiques, arthuriennes dans le texte de Wace, d'un « élément en apparence circonstantiel (qui) va bouleverser le destin du roman » (1993 : 64). Avec la matière de Bretagne, l'écriture de l'histoire, de la chronique se change en fiction. Quelques années plus tard, Wace compose un *Roman de Rou* de 16 810 vers (inachevé) où sont racontés, à l'intention d'Henri II Plantagenêt, l'histoire des ducs de Normandie, depuis la geste de Rollon (Rou) jusqu'à Henri Ier. Il se fait là encore attentif aux légendes et histoires merveilleuses. Ce « roman » a largement diffusé les motifs de la matière de Bretagne.

Pour comprendre l'importance de cette « matière », il faut considérer deux voies de création et de diffusion. D'une part, on ne saurait minimiser l'action politique, le rôle joué par l'abbaye de Glastonbury qui « invente » les tombes d'Artus et Guenièvre et propage une légende qui, on l'a dit, sert les vues d'Henri II en opposant une figure prestigieuse à celle de Charlemagne, diffusée par la chanson de geste et la monarchie capétienne. C'est la même abbaye qui joue un rôle décisif dans l'association de Joseph d'Arimathie, considéré comme premier évangélisateur de l'Angleterre, et le motif du Graal. D'autre part, il faut tenir compte de puissantes traditions culturelles et remonter jusqu'aux poètes irlandais des VIIe et VIIIe siècles qui relatent des navigations merveilleuses, les *imrana*, des visions et des contes dont vont se nourrir poésie et prose : les lais de Marie de France, les vies de saints, des fictions comme la *Navigation de saint Brendan*, périple d'un abbé irlandais qui, en compagnie de moines, est parti à la recherche du paradis terrestre. Il faut noter enfin le rôle important joué par les conteurs gallois ou issus de la Cornouaille anglaise et d'une façon générale ceux que l'on a appelée les harpeurs ou *harpeors* bretons. Ils ont diffusé en France d'oïl et d'oc des légendes et des histoires d'amour, comme celle de Tristan et Iseut, reprise dans les romans en prose de Béroul et de Thomas ; ceux-ci ont connu une large diffusion, en particulier en Allemagne.

Le médiéviste Jean Frappier a montré comment, en passant de la chanson de geste et des romans dits antiques aux lais de

Marie de France et aux romans de Chrétien de Troyes, une atmosphère nouvelle était créée grâce à l'apport celtique. Ce sont d'autres thèmes, un autre ton et aussi une autre manière de construire un récit. Avant le lai et avant le conte, il y a l'événement merveilleux, extraordinaire, l'« aventure ». La plus fréquente raconte l'amour de la fée ou de la dame pour un chevalier. Or ces motifs légendaires se fondent sur une conception capitale de la mythologie celtique : l'Autre Monde, le *sid* des Irlandais, distinct du monde des vivants, mais en communication quasi immédiate avec lui. L'abolition du temps est en effet ce qui caractérise le passage à cet autre monde. Celui-ci contribue à donner sa couleur propre à l'aventure arthurienne et définit pour une large part le merveilleux breton : îles élyséennes, paradis sous-marins, tertres hantés, palais souterrains... Ces lieux sont à la fois le pays des morts ou de ceux que l'on tient pour tels et celui des dieux, des déesses et des fées, régions bienheureuses où le temps est aboli, où l'on ne vieillit pas. Autre Monde et monde terrestre communiquent grâce à des navigations lointaines, par des passages dangereux, mais aussi par de simples gués ou par l'espace traversé par une bête pourchassée, de couleur blanche. On peut parler d'une solidarité entre les deux mondes, en particulier à l'époque des grandes fêtes saisonnières d'automne et de printemps.

Mais l'aventure dans l'Autre Monde (la forêt aventureuse ou le verger aventureux, limite entre deux mondes) est avant tout réservée au héros prêt à surmonter des épreuves redoutables ou à celui qui a le privilège d'être aimé d'une fée. Jean Frappier voit dans les romans médiévaux, comme ceux de Chrétien de Troyes, un accord entre l'Autre Monde et la *fine amor* chantée par les poètes et intégrée aux romans courtois. C'est cette union de deux mythologies, l'une primitive et merveilleuse, l'autre qui relève de l'esprit et du cœur, qui fait l'originalité de cette matière de Bretagne. Autant dire que l'aventure et l'amour ont constitué d'une autre façon (par rapport au roman grec) une nouvelle matière romanesque que met en vers à la fin du XIIe siècle Chrétien de Troyes.

Chrétien de Troyes fondateur du roman occidental ?

Chrétien de Troyes (v. 1135 – v. 1183) est, pour son temps, un poète. Il a été trouvère et a composé des chansons courtoises. Il est aussi l'auteur de cinq romans qui ont diffusé en France et en Europe la matière de Bretagne. On a pu l'appeler l'Homère français, comparaison élogieuse, mais sans grande signification. S'il n'est pas l'inventeur d'une forme nommée roman, il est considéré à bon droit par les médiévistes comme le père du roman moderne ou le fondateur du roman occidental.

Il est clerc de formation. En se mettant au service de la cour de Champagne, et en particulier de Marie de Champagne, fille d'Aliénor, puis de la cour de Flandres, il apparaît comme un écrivain de cour tributaire de ses protecteurs. Mais il va devenir au sens moderne du terme un auteur, signant ses textes, non plus un copiste ou un jongleur, réfléchissant sur son métier dans les prologues de ses romans, conscient de l'originalité de son imagination.

Son premier roman *Erec et Enide* (7 000 octosyllabes à rimes embrassées, conçu vers 1160) exploite largement le fonds breton. Erec, fils du roi Lac, chevalier de la Table Ronde, épouse Enide, jeune fille pauvre, plus belle et plus blonde qu'Iseut. Il l'emmène à la cour du roi Arthur et par amour pour elle il néglige ses devoirs de chevalier. Il est poussé à repartir à l'aventure avec Enide comme page. Elle devra se taire quoi qu'il arrive. Erec sort victorieux de sept épreuves : chaque fois Enide enfreint le pacte posé par son mari, mais elle le sauve. Ils reviennent à la cour du roi Arthur où ils sont fêtés et Erec est couronné à Nantes après la mort de son père. L'histoire glose le parfait amour conjugal, le dévouement de l'épouse et exalte l'aventure mais aussi l'amour, source de l'héroïsme chevaleresque.

Cligès, un « nouveau conte », une « estoire » nommée « romanz », de même longueur et facture que la précédente, se présente en deux parties inégales. Dans la première est racontée l'histoire d'Alexandre, fils de l'empereur de Constantinople, chevalier de la cour du roi Arthur, ses aventures et son mariage avec Soredamor, sœur de Gauvain. Alexandre étant cru mort, son frère Alexis est élu empereur. Mais Alexandre réapparaît et accepte de s'effacer à condition qu'Alexis ne se marie pas et laisse à Cligès, son fils, la succession du trône. La seconde partie est l'histoire de Cligès. Alexis viole sa promesse, épouse Fénice, fille de l'empereur d'Allemagne, qui aime Cligès et en est aimée. Thessala, la nourrice de Fénice, utilise un philtre pour que le mariage avec Alexis ne soit pas consommé. Après des errances, Cligès revient à Constantinople. Fénice se fait passer pour morte et s'enfuit avec Cligès. Ils vont se réfugier à la cour du roi Arthur. À la mort d'Alexis, Cligès devient empereur et épouse Fénise. On aura reconnu à la fois l'influence du roman byzantin, celle de la légende de Tristan et Iseut, à cette différence que l'aboutissement de l'histoire ici est le mariage présenté comme seul et véritable amour.

Le Chevalier de la Charette est une commande de Marie de Champagne qui a fourni la matière et le « san », c'est-à-dire le sens à transmettre. Il s'agit, avec ces aventures de Lancelot (l'ancelot ou le serviteur), de présenter une « bible romanesque de la pensée courtoise » (Aubailly, Paris, Flammarion, 1991 : 9), une « éthique de la sexualité » (Baumgartner), bréviaire d'amour et idéal de « courtoisie », présentée comme modèle de civilisation où le service d'amour est la prouesse qui permet le dépassement de soi-même. Lancelot est un être d'exception qui accepte par deux fois la honte pour rester dévoué à sa dame : en montant dans la charrette d'infamie et en acceptant d'être lâche dans un tournoi. Le roman peut être lu comme une quête initiatique. Il est resté inachevé et la tâche de le terminer a été confiée à Geoffroy de Lagny. Les sources de Chrétien ici sont non seulement celtiques mais renvoient à un texte hagiographique, la *Vie de saint Gildas*. Et si l'amour ne perd pas ses dimensions romanesques, il acquiert parfois une tonalité mystique inconnue jusqu'alors.

Le Chevalier au Lion reprend la même thématique et le même problème : le service de l'idéal chevaleresque l'emporte-t-il sur celui de la femme aimée ? Le roman est l'amplification de la matière bretonne : le récit de Calogrenant, cousin d'Yvain, le héros du roman. Celui-ci s'élève jusqu'à « une conception mystique de la chevalerie » (Rousse, Paris, Flammarion, 1990 : 34-35). Les différents combats menés jalonnent un cheminement intérieur. Yvain invite tous les chevaliers à devenir des chevaliers au lion, capables d'affronter des aventures surhumaines. Il avait secouru, rappelons-le, un lion en lutte contre un serpent et l'aide de l'animal devient pour lui un atout décisif et essentiel.

Dans *Le Conte du Graal*, roman lui aussi inachevé (Chrétien meurt avant de le finir), les aventures de Perceval procèdent là encore d'une orientation spirituelle très nettement affirmée : celle-ci s'explique sans doute par l'influence de la cour de Flandres (où Chrétien est allé après la mort de Henri Ier de Champagne), et de son nouveau protecteur, Philippe d'Alsace. Perceval le naïf est élevé en pleine forêt. Fasciné par l'armure des chevaliers errants, il endosse celle du chevalier Vermeil après l'avoir tué et devient chevalier. Après de nombreuses aventures, des amours chastes avec Blancheflor, il se convertit, se confesse un vendredi saint et apprend qu'il est le seul survivant du lignage du Graal. Chrétien raconte aussi les aventures d'un anti-Perceval, Gauvin. Celui-ci cherche aussi la Lance qui saigne, mais elle est réservée au pur Perceval. Là encore, l'histoire s'approche du roman initiatique, d'apprentissage, à condition de donner à ce processus un contenu religieux et un but : la découverte de soi, la révélation de soi-même, à commencer par celle du nom : Perceval ignore le sien. On s'interroge cependant sur le sens à donner à ce roman qui semble s'inspirer de la grande idée de la rédemption de l'humanité déchue depuis le péché originel.

Peut-être vaut-il mieux fixer son attention sur l'apport technique d'un tel roman, à commencer par l'entrelacement de deux aventures (Perceval et Gauvain), mot qui désigne une technique et une structure romanesques auxquelles sera sensible un Jacques Peletier du Mans dans son *Art poétique* (1555, II, VIII) : « Il fait bon voir comment le poète, après avoir quelquefois fait mention d'une chose mémorable [...] la laisse là pour un temps tenant le lecteur suspens, désireux et hâtif d'en aller voir l'événement. » Il faut reconnaître que, dès le premier roman, Chrétien de Troyes s'est montré très soucieux de ce qu'il appelle la « conjointure » c'est-à-dire la composition, l'action d'arranger et de mettre ensemble, par exemple la matière celtique et d'autres traditions littéraires, comme l'épopée virgilienne. Cette écriture et la thématique bretonne vont être durablement imitées. Aussi Daniel Poirion a-t-il raison de voir en lui celui à qui l'on doit « cet énorme compartiment de la littérature arthurienne qui, par imitation ou par réaction contre lui, s'installe au cœur du système littéraire pour deux siècles » et « le créateur d'une mode littéraire » (1994 : XLII).

13

Naissance du roman ou naissance de la prose ?

Jusqu'à présent, si l'on excepte les romans latins et grecs, il n'a été question que de romans en vers. Aux exemples donnés, à propos du roman d'Alexandre, des romans antiques, il faudrait ajouter, entre autres, ceux consacrés à la légende de Tristan et Iseut, les textes de Béroul (1170-1175), l'un des romans les plus anciens écrits en langue d'oïl, et celui de Thomas d'Angleterre (1172-1175) et les continuateurs du Graal (Gerbert de Montreuil et Robert de Boron). Chrétien de Troyes a été imité et le roman arthurien en vers, véritable genre littéraire, connaît un assez grand succès jusque vers la seconde moitié du XIIIᵉ siècle. C'est alors qu'il recule devant les progrès du roman en prose. On peut considérer que le *Méliador* (1365-1384), exploitant la thématique arthurienne en vers, œuvre de l'historien Jean Froissart, constitue un vestige, le survivant d'un genre qui n'est plus cultivé depuis plusieurs décennies.

Les premiers romans en prose sont des textes anonymes rédigés entre 1210 et 1240 et regroupés sous le titre *Lancelot-Graal*. Les premiers, comme les suivants (cet étrange *Perlesvaus* qui se présente comme la continuation en prose du *Conte du Graal* et met en pratique l'entrelacement) et comme les derniers (*La Mort le roi Artu*), tous se rattachent à la matière de Bretagne et s'organisent en cycles. Celui de la Table Ronde, le plus important, comprend l'*Estoire del Saint Graal*, l'*Estoire de Merlin*, le *Lancelot propre*, *La Queste del Saint Graal* et *La Mort le Roi Artu*. D'autres textes sont dérimés. Le dérimage, passage du vers à la prose, a touché d'abord l'œuvre de Robert de Boron. Il s'agit de rajeunir les œuvres du passé et, à partir des mêmes thèmes, trouver d'autres modes d'expression, une autre manière de conter qui, à terme, acquiert en littérature un autre statut.

Pourquoi ces romans en prose sont-ils en majeure partie des histoires qui traitent du Graal ? Pourquoi la prose est-elle associée au religieux ? À ces questions, Michel Zink (1993 : 85) apporte de stimulantes réponses. De fait, la prose est la vraie parole de Dieu qu'on ne peut concevoir subordonnée aux lois « frivoles » de la versification. La prose est un discours libéré de la loi du mètre, elle ne se plie pas à la scansion : ce sont des remarques qui remontent à

Isidore de Séville. La poésie est liée au chant et elle n'est nullement le langage du sacré. En revanche, la prose renvoie à une certaine vérité d'ordre historique et spirituel.

Le *Tristan* en prose, anonyme, a connu un immense succès si l'on en juge par les quatre-vingts manuscrits dont on dispose, répartis en quatre versions principales qui s'échelonnent entre 1230 et 1300. *Guiron le Courtois* autrefois désigné sous le nom de *Palamède*, est de peu postérieur au *Tristan* qu'il compile avec le *Lancelot-Graal*. À partir de là, comme l'écrit M. Zink, « on se perd dans le dédale des copies et des compilations ».

Dans ces dialogues et ces compétitions entre vers et prose, il faut signaler la solution originale et neuve de Jean Renart. Originaire de Dammartin-en-Goële, il a passé la majeure partie de sa vie (première moitié du XIIIᵉ siècle) dans les cours du Nord et évolué dans l'espace de la langue d'oïl. Il s'oppose, comme d'autres dans le même temps, au merveilleux arthurien et il cherche des thèmes nouveaux et surtout une nouvelle écriture. Dans le prologue à son roman *Guillaume de Dole*, dédié à l'évêque de Beauvais, Milon de Nanteuil, il se présente comme le premier à avoir farci un roman de pièces lyriques. On trouve encore dans *Le livre du Cuer d'Amour espris* (1457) du Roi René, duc d'Anjou, une narration en prose entrecoupée de vers. Ce sera le principe du roman pastoral (voir question 17).

Le roi René a été le protecteur d'Antoine de La Sale (v. 1385-v. 1460), auteur d'un roman *Jehan de Saintré* qui, sous couvert de présenter l'éducation d'un jeune chevalier, raconte les amours d'un page et mêle courtoisie et érotisme. Julia Kristeva (1970) le considère comme le premier roman moderne. Mais, comme le note M. Zink (1993 : 153), le roman se rapproche de la nouvelle et c'est ce genre qui en cette fin de Moyen Âge est fécond (cf. par exemple Boccace et aussi le *Novellino*) : la nouvelle se tourne vers le présent et le quotidien, à la différence du roman qui se tourne vers le passé. Et M. Zink d'observer : « C'est parce qu'il refuse l'illusion du passé que le nouvelliste du XVᵉ siècle apparaît comme un moraliste. À ce compte, le roman au sens moderne est fils de la nouvelle. Quant au roman médiéval, au roman de chevalerie, il connaîtra un destin marginal et particulier. Les grands romans de la fin du Moyen Âge seront imprimés en grand nombre à partir de la fin du XVᵉ siècle – et nourriront les rêves de Don Quichotte. »

Le roman en prose, avant de se changer en roman de chevalerie, a permis dès le XIIIe siècle des avancées sûres vers une certaine modernité. La prose est évidemment une forme d'expression liée au développement de l'écriture. La mise en prose a contribué aussi à la diffusion du goût du réel dans la narration en général. Enfin, elle a favorisé l'essor et le développement d'une pratique culturelle que la poésie, chantée, ignore : la lecture.

14 *Naissance du roman ou naissance de la lecture ?*

Suivons pour répondre à cette question l'exposé de Michel Rousse (*Chevalier au Lion*, Flammarion). Yvain, le Chevalier au Lion, découvre dans le château de Pire Aventure un verger. Là, un seigneur, allongé sur un drap de soie, appuyé sur son coude, et une dame écoutent leur fille qui lit « un romanz » (v. 5364-5366). Mais qu'est-ce que lire un roman ?

Avec le succès des premiers romans antiques, mêlant les aventures amoureuses aux entreprises guerrières, commence le déclin de la chanson de geste, « la part de rêve des guerriers ». Le roman fut celle des dames et des chevaliers qui avaient appris des troubadours « le service d'amour ». La disparition progressive de la chanson de geste est aussi celle d'une façon de conter : le jongleur qui psalmodie avec sa vielle ou déclame les décasyllabes à deux temps forts, groupés en laisses qui pouvaient rassembler soixante vers sur la même assonance. Un texte apparaît avec des vers de huit syllabes sans autre accent que celui de la rime qui les regroupe désormais deux par deux. Plus de voix forte du jongleur... « Une jeune fille dans le calme d'un verger fait la lecture à ses parents. » Autrement dit : « À ce contenu neuf du roman, correspond une forme nouvelle. » Et par forme, il convient d'entendre à la fois la manière de raconter et de lire cette forme nouvelle qu'est le « romanz ».

Lire un roman n'est pas encore, comme aujourd'hui, un acte personnel et solitaire. C'est « une activité de distraction qui réunit un petit groupe d'intimes ». Contrairement à une idée souvent répandue, il n'y a pas que les clercs qui savent lire : les romans de Chrétien de Troyes montrent de façon répétée que les femmes savent lire. Et, détail significatif : Aliénor sur son tombeau de l'abbaye de Fontevrault est représentée tenant entre ses mains un livre ouvert. On lit à haute voix un texte qui n'est pas ponctué. Qu'en conclure ? « Cela signifie que la syntaxe ne commande pas la lecture. » Paul Zumthor (1987) parle de « cantillation », mode de lecture rythmée, de chantonnement répétitif dans lequel on donne à la rime une durée plus longue, en scandant du pied par exemple le rythme de la lecture. Il existe aussi des « professionnels » de la lecture et les jongleurs ont dû s'engager dans de nouvelles pratiques. La lecture semble avoir guidé l'auteur lui-même : il n'écrit pas, mais compose à haute voix. Il ne s'agit pas encore d'écrire, mais de « ditier », de dicter. Lire et écrire, c'est donc entendre une voix. On ne lit pas encore « avec les yeux ».

Ces conditions de réception du texte influent bien évidemment sur sa composition. Il est en effet possible d'avancer que la lecture pratiquée est fragmentaire, ce qui veut dire qu'on lit des épisodes (« pas plus de mille octosyllabes dans une heure »). Conséquence : la lecture doit être coupée en plusieurs « séances ». *Le Chevalier au lion* offre ainsi des passages où les vers sont « à la fois clôture et ouverture ». Ces pauses, remarque M. Rousse, délimitent la fin d'une séance de lecture et le début d'une autre. On peut de cette façon découper le roman en dix « séances » d'environ 700 à 800 vers, ce qui correspondrait « à la capacité moyenne de l'auditoire d'une lecture ».

On dira que cette façon de lire n'est plus du tout la nôtre. Sans doute. Il n'empêche que le roman, celui de Chrétien, a la prétention de livrer des paroles qui ne doivent pas disparaître et qu'il faut donc s'être préparé « à les recevoir en son cœur » (v. 162). Ainsi est indiquée, dans le roman même, la fonction morale et la force de l'histoire inventée, Il n'empêche aussi qu'il inaugure avec la lecture en assemblée, en petits cercles intimes, une pratique culturelle promise à un long avenir. M. Rousse donne l'exemple d'un gentilhomme qui un jour de pluie de février 1554 lit à ses gens un épisode d'*Amadis* (roman que l'on va découvrir au chapitre suivant). On pourrait aussi citer dans le *Don Quichotte* (I, XXXII) le passage où l'aubergiste, amateur de livres de chevalerie, révèle l'une de ses distractions préférées, au temps de la moisson, autour de « quelqu'un qui sait lire » et « qui nous ôte mille cheveux blancs ».

L'assemblée des auditeurs a eu l'occasion, au cours des siècles, de se réduire. À un couple par exemple, et comment ne pas penser au deuxième cercle de l'*Inferno* de Dante, aux amants Francesca da Rimini et Paolo Malatesta ? Ils ont échangé leur premier baiser en lisant les aventures de Lancelot. Le baiser que le chevalier reçoit de Guenièvre, la femme du roi Arthur, a été donné grâce à l'action persuasive de Galehaut, ami de Lancelot, auprès de la reine. Dans le cas des amants damnés, le livre fut le Galehaut, l'intermédiaire, comme celui qui l'avait écrit : *Galeotto fu il libro e chi lo scrisse*. Et pourquoi ne pas songer aux lectures passionnées du Sieur Rousseau en compagnie de son fils Jean-Jacques, qui se terminaient à l'aube et lui faisaient dire, en entendant les hirondelles : « je suis plus enfant que toi » (Confessions I, 1) ?

Avec le roman se sont révélés tout à la fois la lecture, la puissance de l'imagination et le pouvoir de la littérature.

III
AVANCÉES ET MISES EN QUESTION

15 *Le roman de chevalerie : genre médiéval ou roman de la Renaissance ?*

Il n'est pas aisé de situer le roman de chevalerie. Sans roman grec ou byzantin, sans roman breton ou arthurien, on ne comprend pas ses origines. Son imaginaire relève moins des valeurs d'une institution (la chevalerie), distincte du système féodal, que d'un esprit chevaleresque qui s'exprime dès le XIVe siècle par des fêtes et un véritable rituel. D'un point de vue poétique, la quête amoureuse (l'amour courtois) et le double thème de l'épreuve et de la prouesse se transforment en une suite d'aventures qui sont souvent l'occasion de présenter, avec plus ou moins de fantaisie, des espaces étrangers. L'aventure individuelle voit le triomphe du romanesque que M. Zink définit comme l'absence de tout enjeu transcendant, l'identification du lecteur à un héros et l'actualisation dans le présent et dans le réel d'un passé chevaleresque.

C'est en Espagne qu'il faut aller, de façon significative, pour identifier la première manifestation de ce type de roman qui devient nouveau par l'amalgame même d'éléments divers : aventures chevaleresques, hagiographies, histoires morales. *El Caballero Cifar* fait remonter au début du XIVe siècle (1300 ou 1320). Texte anonyme, il a pour idée centrale le conte du roi qui perdit tout, un thème de la tradition populaire, voire des *Mille et une nuits*. Il utilise aussi la légende populaire de saint Eustache, d'origine grecque, la matière de Bretagne avec l'histoire des fils de Cifar et fait usage de références romanesques « byzantines ». Enfin, un personnage, l'écuyer Ribaldo, a fait penser tout à la fois à un ancêtre du *picaro* (voir question 18) et de Sancho Panza. Prototype romanesque, à tous égards, qui aura son heure de gloire lorsqu'il sera imprimé pour la première fois à Séville en 1512, à une époque où, en Espagne comme en Europe, le roman de chevalerie connaît un succès éclatant.

La France n'ignore pas un roman issu, pour une large part, des versions en prose de Chrétien de Troyes, depuis la *Mélusine* (1392) de Jean d'Arras qui retrace, pour le Duc Jean de Berry, les origines fabuleuses de la maison de Lusignan, jusqu'au *Chevalier délibéré* (1487) d'Olivier de la Marche, écrit en l'honneur de Charles le Téméraire. Mais c'est en Espagne qu'il faut rester pour suivre le développement du nouveau genre.

Deux titres sont à retenir. D'abord, *Tirant lo Blanc*, écrit en catalan par le Valencien Joanot Martorell (1410-1470) et publié à Valence en 1490 par un de ses compatriotes, Marti Joan de Galba. La première partie se déroule en Angleterre et relate les exploits du Comte Guillem de Varoich devenu ermite (Guy de Warwick). Après une invasion des Sarrazins, l'Angleterre recouvre sa splendeur grâce à Guillem. Aux noces du roi se rend un gentilhomme breton, Tirant lo Blanc, fils de Blanche, duchesse de Bretagne. Tirant raconte les fêtes à l'ermite tandis que le Chevalier Diafebus raconte la vie de Tirant. Celui-ci doit ensuite aller secourir les Chevaliers de Rhodes assiégés par le sultan d'Égypte. Dès lors l'action a pour cadre la Méditerranée qui est aussi l'espace commercial de la Catalogne. Tirant délivrera deux fois Constantinople et finira par épouser la princesse byzantine Carmesina. Le roman a été traduit dès 1511 en castillan et il est à noter qu'il est un des rares à échapper à l'*auto da fé* auquel le curé et le barbier se livrent dans la bibliothèque de Don Quichotte, mais l'éloge demeure cependant ambigu.

Avec l'*Amadis de Gaula*, nous découvrons un des grands succès européens du XVIe siècle. En 1508 sortent à Saragosse de la plume d'un certain Garci Ordoñez de Montalvo (on trouve aussi Rodriguez) les quatre premiers livres de l'histoire d'Amadis, le « vertueux chevalier ». Fils naturel de Périon et d'Elisène, il est élevé à la cour de Gandalès d'Écosse. Passé dans celle du Roi Langrinès, il devient l'amoureux quelque peu mélancolique de la belle Oriane, fille de Lisvart, roi de Bretagne. Protégé par la fée Urgande qui l'aime, il multiplie les exploits en compagnie de ses frères

Galaor et Florestan. Urgande se livre à lui, pudiquement, dans une forêt. Il s'inflige une longue pénitence pour lui complaire et finira par l'épouser et gouverner en parfait monarque des royaumes pacifiés. Il cède la place à son fils Esplandian. C'était ouvrir aux imitateurs une large carrière. On compte, entre 1510 et 1550, sept continuations qui retracent les aventures des descendants d'Amadis et d'Esplandian. Parallèlement se développent les histoires d'émules et de rivaux d'Amadis, rivaux quant à la conquête de la gloire littéraire : Palmerin, Primaléon, Belianis de Grèce, les Portugais Clarimundo et Clarisol de Bretanha (1602).

Pour comprendre l'esprit qui a présidé à l'élaboration de ces romans, il faudrait se reporter à l'ouvrage de Johan Huizinga, *L'Automne du Moyen Âge* (1919, trad. fr. 1932 et 1975). Ils connaissent pendant tout le XVIe siècle une vogue constante. On peut citer quelques lecteurs enthousiastes, avant l'ingénieux hidalgo de Cervantès : Ignace de Loyola, Charles Quint, sainte Thérèse. Les conquérants des Indes ont fait passer sur l'espace américain les souvenirs de leurs lectures. La topographie américaine en garde les marques, étudiées par I. Leonard. La Californie, le royaume des Amazones sont le cadre d'aventures d'Esplandian. La Patagonie est mise en scène dans le Primaleon. Bernal Díaz del Castillo, chroniqueur de la conquête du Mexique, compare spontanément la capitale aux villes de l'*Amadis*. À juste titre, M. Zink remarque que ces romans s'adressent à un public indifférencié, qui vient d'accéder à la lecture. « Définir la fascination exercée par le roman de la fin du Moyen Âge comme celle du roman historique, c'est préparer la compréhension de la fascination exercée du XVIe siècle à nos jours par le roman comme littérature popularisante ou comme infra-littérature. »

De nos jours il peut encore être lu avec intérêt. À preuve, l'analyse (l'apologie), non traduite en français, de Mario Vargas Llosa de *Tirant lo Blanc* (Barcelone, Seix Barral, 1991). Martorell y est présenté comme « le premier de la lignée des supplanteurs de Dieu » dans laquelle figurent Fielding, Balzac, Dickens, Flaubert, Tolstoï, Joyce et Faulkner. Ce sont ceux qui ont prétendu créer dans leurs romans « une réalité totale ». Et le romancier total, comme Dieu, ne prend pas parti : il reste neutre. Mais il entend construire avec des mots « un autre monde [...] indépendant du monde réel, une réalité autonome, valable en elle-même ». L'autre monde du roman arthurien ou celui qui a servi aux aventures les plus folles devient, sous la plume de Vargas Llosa, un « monde alternatif ». Aussi ce roman et d'autres méritent donc d'être envisagés comme autre chose que des hypotextes et des modèles parodiques du *Don Quichotte*.

Le premier *Amadis* a connu nombre de rééditions, de traductions et d'imitations en Europe, en particulier en France, à Anvers, et en Italie. En langue française, c'est un *Amadis* refondu que donne entre 1540 et 1548 Herberay des Essarts, traducteur également (en prose) de l'*Orlando furioso* de l'Arioste. La version en français passera en Angleterre et en Allemagne. Une édition des *Trésors des douze livres d'Amadis* paraît à Paris en 1559, suivie d'autres à Lyon et Anvers. En 1560, Bernardo Tasso (1493-1569) publie l'*Amadis*, poème en cent chants, preuve de la faveur qu'a la fiction en vers en Italie, mêlant poésie et romanesque.

16 *Poème héroïque ou roman en vers ?*

On se souvient de la définition du roman donnée par P.-D. Huet (voir question 2) : l'histoire feinte est en prose. L'affaire semble entendue en 1670. Mais il signale que les Italiens ont cultivé le roman en vers et cite le *Discours sur la composition des romans* (1554) de Giraldi Cinzio qui prônait la variété et légitimait un certain genre romanesque. Dans les premières décennies du XVIIe siècle, lorsque la vogue du roman héroïque bat son plein en France, on ne fait pas trop de différence entre le grand roman héroïque et le poème héroïque ou l'épopée telle que Le Tasse l'a définie dans ses *Discours sur le poème héroïque* (1595), traduits en 1638. On verra d'ailleurs qu'un critique au XVIIIe associe encore au roman le nom de l'Arioste (voir question 21). Dans la mesure où l'épopée n'est plus chantée et reste, même en vers, une histoire racontée (*epos*), elle peut toujours être plus ou moins assimilée ou comparée à un roman en vers : pour le lecteur du XVIIe siècle, il y a plus de romanesque que d'épique dans *La Jérusalem délivrée* du Tasse. Dans ces conditions, *Childe Harold's Pilgrimage/Le Pèlerinage de Childe Harold* (1812-1818) de Byron pourrait encore être lu comme un roman en vers et même le *Jocelyn* de Lamartine. On

se souviendra que Pouchkine considérait son *Eugène Onéguine*
(1830) comme un roman en vers. Si le roman en vers peut exister
fort tard en dehors de l'Europe, on doit cependant admettre qu'il
connaît, avec le poème chevaleresque italien, ses dernières splen-
deurs.

Il faut avoir à l'esprit que les *cantari*, en prose ou en vers,
exploitant la matière arthurienne et le cycle carolingien ont été
appréciés dans l'Italie du nord et du centre du XIIIe au XVIe siècle.
Ils vont être exploités mais largement dénaturés dans leur esprit
par Luigi Pulci (1432-1484), poète protégé des Médicis. Il est le
premier à avoir composé en Italie une sorte de poème chevaleresque en vers (octaves), le *Morgante*, devenu *Morgante maggiore*
dans une version augmentée de 1483. Le thème est pris à la tradition épique française (Roland, Charlemagne, le traître Ganelon),
mais il est tourné en dérision. On a pu voir là l'esprit bourgeois
florentin du Quattrocento, étranger à l'esprit de l'épopée. Les vrais
héros de cette œuvre singulière sont le géant Morgante et son ami
Margutte, des anti-héros. De son côté, Matteo Maria Boiardo
(1441-1494), noble lettré, familier de la cour d'Este, offre avec son
Orlando innamorato/Roland amoureux un roman de chevalerie
écrit en un italien mêlé de dialecte émilien, en vers (plus de 35 000)
qui diffuse un esprit courtisan, attaché aux valeurs humanistes de
tolérance, non exempt de critiques à l'égard de l'ancien idéal chevaleresque. Ce poème, ou ce roman en vers, publié en 1495, aura
un certain succès. Le poète florentin Francesco Berni (1497-1535)
le récrira en toscan. Mais entre-temps, un autre poème, conçu au
départ comme la suite de celui de Boiardo, va connaître un succès
européen : l'*Orlando furioso* de Ludovico Ariosto (1474-1533).

L'Arioste est, comme Boiardo, originaire d'Émilie et d'une
famille attachée à la Maison d'Este. C'est un fin lettré, poète
lyrique, auteur de comédies et de satires. Son *Roland furieux* va
l'occuper pendant toute sa carrière. Commencé en 1505, édité une
première fois en 1516, il fait l'objet de deux refontes en 1521
et 1532 (version en quarante-six chants, inachevée...). L'intrigue
défie volontairement tout résumé. On peut simplement mentionner, comme argument principal, la guerre que mène l'empereur
africain Agramant contre Charlemagne et, parallèlement, la
démence progressive de Roland amoureux d'Angélique. Il guérira,
en respirant l'ampoule où sa raison est enfermée et qu'Astolphe,

guidé par saint Jean, est allé chercher sur la lune. Les Sarrazins seront défaits et Roland aura assuré la victoire au camp chrétien. Le poème est, à sa manière, une comédie humaine fourmillant de personnages, de caractères, dont certains sont devenus des stéréotypes : Sacripant, Rodomont, le fidèle Médor, aimé d'Angélique, sans oublier Hippogriffe, le cheval-ailé d'Astolphe. L'œuvre a pour cadre un vaste cosmos, précisément décrit. Elle exalte continûment les prouesses guerrières, autant dire la Maison d'Este.

Le *Roland furieux* a connu un immense succès en Italie et dans toute l'Europe. Il a servi de modèle à Cervantès dans l'élaboration de son *Don Quichotte*. Plus encore que le roman de chevalerie, le poème de l'Arioste est encore lu avec intérêt et suscite des adaptations dramatiques. Pour Octavio Paz, « l'épopée burlesque italienne (Boiardo et l'Arioste) sonne la fin de l'allégorie et ouvre la voie au roman moderne et à Cervantès » (*L'Autre Voix*, Gallimard, 1992 : 24). On ne saurait en dire autant du roman pastoral qui a pourtant connu de remarquables succès.

17 *Quand commence et finit le roman pastoral ?*

L'analyse que donne E. R. Curtius du « paysage idéal » peut être reprise ici : les thèmes pastoraux ne sont liés à aucun genre particulier ni à aucune forme : poésie (idylles, églogues), théâtre et opéra (pastorale dramatique)… On se souvient d'un repère, point de départ possible, *Daphnis et Chloé* et ses traductions (voir question 9). Mais on peut faire remonter l'apparition, sinon d'un roman pastoral du moins d'une fiction exploitant les thèmes pastoraux et faisant alterner prose et vers, au tout début du XVIᵉ siècle avec l'*Arcadia* de Jacopo Sannazaro (1457-1530). Humaniste napolitain, familier de la cour d'Alphonse d'Aragon, il a composé son œuvre entre 1486 et 1496. Sa version définitive (douze proses et autant d'églogues) n'a été publiée qu'en 1504. Il convient de préciser que le projet initial de Sannazaro est tout autant linguistique que poétique : faire du toscan une langue moderne, purifiée de latinismes et de tournures dialectales.

L'auteur s'est mis en scène sous le nom de Sincero. Il arrive en Arcadie, cherchant à se consoler d'un amour malheureux. Il prend part à la vie des bergers, à leurs concours poétiques et leurs histoires d'amour. Il prend à témoin la Nature pour chanter ses peines. Puis il retourne à Naples, sa patrie, pour apprendre la mort de celle qu'il aimait. L'œuvre va connaître un immense succès : plus de soixante-dix éditions pendant le siècle. Elle sera le modèle pour de nombreux textes où se mêlent poésie et fiction romanesque.

Dans le même temps, des motifs pastoraux sont introduits dans des romans de chevalerie. Pour certains critiques, ces essais marquent un tournant : la littérature pastorale serait un contrepoint, voire une alternative au roman de chevalerie, en particulier en Espagne. C'est là que Jorge de Montemayor (1520?-1561), né au Portugal mais qui a vécu en Espagne et écrit en castillan, publie à Valence en 1559 *La Diana*, dont le succès fut, lui aussi, considérable. Elle devient un autre modèle possible pour le roman pastoral. En effet, à la différence de l'*Arcadia*, connue à l'évidence de Montemayor, *La Diana* offre une véritable construction romanesque.

Sept livres composent l'ouvrage. Les trois premiers sont en fait des exposés de problèmes amoureux, la présentation de cas, une typologie de l'amour : Diane répond à Parnour de Syrène mais en épouse un autre. Silvanie aime Alanis qui est épris d'Isménie ; mais celle-ci aime Montane qu'elle poursuit en vain. On voit se dessiner l'une des originalités de l'œuvre : la chaîne d'amour. À ce groupe se joint Felismène qui expose ses malheurs. Déguisée en page, elle poursuit Félix et se trouve contrainte de porter des billets à la bergère Dalie qui s'éprend d'elle avant de se tuer. Les bergers approchent du palais de la sage Félicie (chant IV, pivot de l'œuvre). Sous sa présidence, les couples entreprennent de disputer sur l'amour, sur la dualité entre amour sensuel et amour spirituel (l'influence de la philosophie néoplatonicienne de Léon l'Hébreu se fait sentir). L'idéal est l'amour pur, dit platonique. Félicie donne à boire aux amants une eau enchantée qui change en eux le penchant naturel. Suivent trois autres livres (V à VII) où sont exposés les solutions et dénouements.

On peut lire ce roman qui mêle vers (sur l'écorce des arbres en particulier) et prose comme une suite de nouvelles, en tout cas d'histoires racontées. Mais les poésies ne sont pas de simples pauses : elles participent à l'action et à l'analyse des sentiments, préoccupation notable chez Montemayor. On remarquera aussi l'abondance de lettres qui pourrait faire passer *La Diana* pour un premier exemple de roman épistolaire (voir question 24). Une des caractéristiques de l'œuvre est la multiplication des entretiens, des « colloques » où les personnages sont tantôt acteurs, tantôt auditeurs : le discursif l'emporte sur le narratif. Si Montemayor réussit à surmonter la tension évidente entre le statisme et le dynamisme, il faut bien reconnaître que ses successeurs seront souvent moins chanceux ou moins habiles.

La Diana connaît en Espagne une trentaine d'éditions jusqu'en 1624. Elle est traduite en français en 1578 et une vingtaine d'éditions vont se succéder jusqu'en 1631. Montemayor avait annoncé une seconde partie qui ne vit jamais le jour. Mais il y eut deux suites, en particulier celle de Gaspar Gil Polo qui eut aussi un assez franc succès et qui influencera Honoré d'Urfé dans son *Astrée*.

L'Arcadie de Sannazar servira en partie de modèle à Sir Philip Sidney (1554-1586) pour son *Arcadia* (publiée en 1590 et 1593 après sa mort, par sa sœur) et qui doit aussi beaucoup à Héliodore et aux romans de chevalerie. Cervantès suit encore Sannazar et aussi Montemayor dans sa *Galatea* (1585) et le *Don Quichotte* exploite à plusieurs reprises une thématique pastorale. Il faut également mentionner l'*Arcadia* (1598) de Lope de Vega et plus encore son étonnant *Peregrino en su patria* (1604) où le cadre bucolique est un prétexte pour accueillir poésies, pièces de théâtre (*autos*), perspectives morales et religieuses issues de la méditation sur la *peregrinatio*.

Il faudrait pouvoir s'arrêter sur le cas de l'*Astrée* (cinq parties de 1607 à 1627), d'Honoré d'Urfé (1567-1625). L'œuvre, démesurée, sera achevée par son secrétaire, Balthazar Baro. On peut y trouver les traces des principales œuvres pastorales antérieures, mais aussi celles du roman grec, de l'érudition historique (l'action se passe au Ve siècle) et d'un sentiment de la nature, même si la formule semble un anachronisme. L'une des originalités d'Urfé (qui suit et accomplit sur ce point le modèle de Montemayor) est d'ancrer son action dans sa terre natale, sur les bords du Lignon, dans le Forez (« Nous devons cela au lieu de notre naissance et de notre demeure, de le rendre le plus honoré et renommé qu'il nous est possible. »). Une autre, à ne jamais oublier, est qu'il s'agit de faux bergers qui ont pris cette condition « pour vivre plus doucement et sans contrainte ». Les amours faussement contrariées de la bergère Astrée et de Céladon qui feint d'aimer Aminthe constituent le schéma central auquel viennent s'ajouter de nombreuses intrigues secondaires, des personnages innombrables (près de trois cents), parmi lesquels se détachent des portraits, comme celui de l'inconstant Hylas. Roman baroque sans doute, l'*Astrée* offre au Grand Siècle l'analyse et le vocabulaire de la passion amoureuse. il marque aussi l'apogée et la fin d'un genre.

Sans doute, à la fin du XVIIIe siècle, Bernardin de Saint-Pierre est tenté par une Arcadie restée à l'état de fragments. Il considérait *Paul et Virginie* (1788) comme une « espèce de pastorale » parce que le bonheur consistait, selon lui, à « vivre suivant la nature et la vertu ». Sans doute, Florian (1755-1794) s'est essayé à faire revivre le genre avec sa *Galatée* (1783), adaptée de Cervantès et un *Essai sur la pastorale* (posthume) qui a servi de prologue à son roman *Estelle* (1787) que d'aucuns tiennent pour la première expression du roman régionaliste. Au-delà de projets ou de tentatives isolées, c'est oublier que le roman pastoral n'a pas pour objectif premier l'évocation de la douceur du village, la peinture des mœurs simples et honnêtes et la critique de la vie urbaine et du monde moderne. Le lieu idyllique, le *locus amoenus*, est assurément un thème qui a servi au XIXe siècle le roman rustique et les *Dorfgeschichten*. Mais si les bergers, après avoir quasiment supplanté les chevaliers, ont eu tendance à disparaître dès le début du XVIIe siècle, c'est sans doute parce que l'expression de leurs sentiments a trouvé d'autres cadres et d'autres arguments. C'est surtout parce que d'autres questions morales et sociales sont apparues dans le même temps et qu'elles ont pu être exposées et exprimées dans une forme romanesque nouvelle : le roman picaresque.

18   *Le roman picaresque : un genre hispanique ?*

La critique espagnole parle de « la » picaresque (*la picaresca*) pour définir, de manière simple, souple et commode, un genre romanesque, une forme littéraire mais aussi une thématique, une matière (comme la matière de Rome ou de Bretagne), voire une mentalité, un mode de vie et de pensée. Le genre est apparu au cours de la seconde moitié du XVIᵉ siècle et s'est développé dans les premières décennies du XVIIᵉ siècle. Il ne s'agit pas d'une recomposition ou d'une reconstitution comme aiment à le faire les histoires littéraires.

En 1605 sort *La Picara Justina* de Francisco López de Úbeda avec en frontispice une gravure représentant *La Nave de la vida picaresca/La Nef de la vie picaresque*, pendant inattendu de la Nef des Fous. Pilotée par le Temps, elle coule sur la Rivière de l'Oubli jusqu'au port de la Mort qui brandit le miroir du *Desengaño*, mot-clé du Siècle d'or, intraduisible : désillusion, détrompement et plus sûrement prise de conscience de la vanité du monde. Dans cette nef figurent trois personnages : Guzmán de Alfarache (le roman du même titre de Mateo Alemán (1547-1615 ?), paru à Séville en 1599 et en 1604), Justine, première *picara* qui écrit l'histoire de sa vie, et la « Mère Célestine », l'entremetteuse maquerelle immortalisée par la tragi-comédie humaniste (1499) de Fernando de Rojas. Derrière la nef est accroché un canot dans lequel est représenté, ramant, le petit Lazarillo de Tormes : celui qui est censé raconter sa vie dans un texte, évidemment anonyme, *La vida de Lazarillo de Tormes*, sorti en 1554 dans trois villes : Anvers, Burgos et Alcala de Henares. Il y a bien, avec cette gravure, la conscience d'un genre, c'est-à-dire avant tout d'une série de textes (mais l'un relève du genre dramatique) et d'un commencement, d'un texte fondateur : celui qui passe pour le prototype, quelque peu lointain, se retrouve à la traîne, mais en position particulièrement spectaculaire. On pourrait également citer, dans la première partie du *Don Quichotte* (1605), la rencontre avec le galérien Ginès de Pasamonte (I, XXII) qui se flatte d'avoir écrit sa vie, ouvrage qui va être « mauvaise affaire pour Lazarillo de Tormes et pour tous ceux qui se sont écrits ou s'écriront dans le genre » (« *cuantos de aquel género se han escrito o escribieren* »). Conséquence (où la malice de Cervantès transparaît) : l'ouvrage est inachevé puisque, comme le remarque le nommé Ginès, « ma vie ne l'est pas encore ». C'est ici la définition d'un trait générique.

Le roman picaresque est « une confession imaginaire » (Molho, 1968 : XI). Celle-ci est faite en prose par un *picaro*, mot à l'étymologie fort douteuse que l'on traduit souvent par gueux ou truand. C'est un marginal, un « exclu », mais aussi un voleur, un tricheur, un mendiant (qui apprend à mendier). On découvre avec lui la misère, l'épopée de la faim. En écrivant sa vie, c'est non seulement un « je » laïc qui s'exprime, oriente et construit le récit, l'expression et la conquête d'un point de vue, une subjectivité qui n'a rien à voir avec la confidence lyrique ou la tradition de la confession (de saint Augustin à sainte Thérèse qui a écrit aussi « le livre de sa vie »...). C'est aussi un texte qui, par convention esthétique, exprime un temps de vie, un temps actuel et non plus un passé immémorial ou lointain, une société inventée et composite. Et plus encore, un texte d'où tout amour est banni. Si le roman est à cette époque et longtemps après associé à la thématique amoureuse, le roman picaresque est déjà un anti-roman et dans cette optique le *picaro* un anti-héros ou, plus précisément, un homme sans honneur, « incarnation exemplaire de l'anti-honneur » (Molho, 1968 : XVII). Il s'oppose totalement aux valeurs fondamentales de la *honra* (l'honneur qui passe par la « pureté de sang », ni juif ni maure) et la *hidalguia* qui valorise le lignage. Le *picaro* ne connaît que la dignité littéraire et la lignée qu'il concourt à affirmer. On ne saurait mieux saisir en quoi un tel roman, le *Guzmán*, dont le succès est immédiat et énorme (seize éditions entre 1599 et 1603), s'oppose aux genres en place : les romans de chevalerie et les romans pastoraux.

Le *Lazarillo* (le nom, le diminutif est devenu un substantif : garçon, guide d'aveugle) fait redécouvrir un type populaire et littéraire du Moyen Âge : certains tours que le petit Lazare joue à son maître renvoient à des fabliaux, des historiettes et facéties plus ou moins connues. La nouveauté vient d'abord de la structure. Elle est fondée sur la succession des maîtres (le *picaro* sera *mozo de muchos amos*, valet de nombreux maîtres, comme le rappelle un roman de Jeronimo de Alcala, publié en 1624, *Alonso mozo de muchos amos*). Elle repose peut-être plus habilement sur la confession au sens religieux du terme : qui est ce destinataire initial à qui l'on donne du Votre Grâce ? La confession sait se distribuer en chapitres et choisir les comparses (cinq ecclésiastiques sur neuf maîtres). La nouveauté vient aussi du ton, subtilement anti-clérical, satirique (le portrait de l'*hidalgo* tolédan, qui reste digne en mourant de faim). C'est cette tonalité que retient la première réception de l'ouvrage (mis à l'Index en 1559, expurgé à partir de 1571) et qui explique les traductions en Angleterre et en France où l'on parle d'« histoire plaisante et facétieuse ».

Si le *Lazarillo* peut passer pour le prototype du genre, le *Guzmán* en est l'illustration exemplaire. Mais il introduit une dimension théologique totalement absente du précédent : Alemán, *converso* (juif converti), va développer une ample thématique de la liberté, du libre arbitre et du salut. Selon l'excellente formule de M. Molho (1968 : XLVI), le *picaro* Guzmán est tour à tour « procureur et avocat » et aussi pécheur et théologien, et dans l'histoire de sa vie alternent « réquisitoire et défense ». Longs passages qui sont autant de pauses qui ont été mal comprises, en particulier en France. Mais comme le remarque justement Edmond Cros (1967 : 429), ce roman ne cherche pas seulement à décrire et à conter, mais aussi à émouvoir : « l'art de l'éloquence se présente ainsi comme une des sources du roman moderne. » Guzmán est un *picaro* qui se juge, après un trajet qui est celui de la déchéance, de Séville en Italie, puis d'Italie à Séville, et de là aux galères. Mais le gueux au regard des hommes est un homme au regard de Dieu, lequel est, après le *picaro*, le « principal personnage » (Molho, 1968 : LXII).

On entrevoit comment un tel ouvrage ne peut être qu'unique en son genre. Le roman mettra l'accent tantôt sur la satire sociale (Salas Barbadillo, Castillo Solórzano), tantôt sur l'aventure et la déambulation (Vicente Espinel), tantôt mêlant les deux composantes avec originalité (on pense à Cervantès). Paradoxe : Alemán aura des continuateurs dont les romans seront moins des variantes que des versions qui prennent le contre-pied du point de vue alemanien. L'exemple le plus étonnant est sans doute *La Vie de l'Aventurier Don Pablos de Segovie* (1626) de Francisco de Quevedo (1580-1645), rédigé sans doute dans les premières années du siècle. Avec ce personnage appelé aussi *El Buscón* (qui met l'accent sur la quête), nous avons, selon M. Molho « le dernier des grands romans espagnols de la gueuserie » (Molho, 1968 : LXXXIII). C'est pour une large part un texte qui exploite un thème à la mode et en fait un étourdissant exercice de style, développant un imaginaire singulier (scatologie, monde de la fiente et de la morve...) et proposant une galerie de pantins, de caricatures (le Licencié Chèvre, « archipauvre et protoladre », est l'exemple le plus cité) dans laquelle le seul personnage positif est... un noble (Don Diego Coronel).

Le genre picaresque ne s'éteint pas en Espagne avec Quevedo. On comprendra qu'on saute avant et après lui quelques titres pour signaler celui qu'on tient pour l'ultime expression du genre : un texte, anonyme, publié à Anvers en 1646, comme pour boucler la boucle commencée avec le *Lazarillo* : *La vida y hechos de Estebanillo Gonzalez hombre de buen humor*. Mais cet homme de « bonne humeur » (moins connu sans doute que son contemporain « le Diable boiteux » (*El diablo cojuelo*, 1641) de Luis Vélez de Guevara) ne peut même pas se prévaloir d'être le dernier d'une assez longue lignée. Le picaro franchit l'Atlantique, tout en restant dans le domaine hispanique : *El Periquillo sarniento* (*Perruchet le Galeux*, 1816) du Mexicain José Joaquin Fernandez de Lizardi (1776-1827) est bien le fidèle descendant du lointain Lazare et de ses congénères : serviteur de plusieurs maîtres, il en profite pour critiquer la société coloniale. Il est aussi, comme l'a présenté à juste titre le grand critique Pedro Henriquez Ureña (1949 : 112), « le premier roman publié par un écrivain né en Amérique hispanique ».

Le *picaro*, déjà Protée en Espagne, va connaître en Europe d'inévitables métamorphoses. Le roman picaresque espagnol a été, somme toute, l'heureuse victime de la liberté créatrice d'un genre qui proposait, avec les ambiguïtés obligées, la subjectivité et le réalisme, le romanesque et la réalité.

19   *Le roman picaresque : genre européen ?*

Le parallélisme avec la question précédente ne relève pas du jeu : il révèle le problème majeur que pose le genre picaresque. Avant lui, le roman pastoral a été un genre « européen ». Mais aucun Italien ne revendique la paternité de ce genre ou considère l'œuvre de Sannazar comme prototype et texte exemplaire ou paradigmatique. Aucun Byzantin ou Grec n'est là pour enregistrer les déviances multiples qu'ont connues Chariton ou Héliodore. Pas ou plus de « Breton » pour noter les multiples usages faits de la matière de Bretagne par des romans « européens ». Si la spécificité des lettres espagnoles est indéniable (dans les genres dramatiques en particulier), l'originalité, dans le cas présent, porte essentiellement sur une vision du monde, des valeurs morales et religieuses dont

Mateo Alemán s'est fait l'expression, parfaite et définitive. Reconnaissons qu'il était normal que « la » picaresque changeât de contenu et de finalité, à partir du moment où elle sortait du contexte hispanique des premières décennies du XVIIᵉ siècle. Pour autant, le genre picaresque ne gagne rien à accueillir, avant ou après l'âge d'or de la picaresque (autour d'Alemán), des fictions où se retrouvent non pas des traits génériques du genre picaresque, mais des éléments constitutifs du romanesque, tel que la tradition l'a constitué pour l'Europe depuis le fonds antique, ou tel qu'il évolue, en ce début de XVIIᵉ siècle, avec des formes particulières de romans.

Louis Gondebaud a raison d'entourer de guillemets le picaresque qu'il étudie en Angleterre entre 1650 et 1730 et de commencer son étude en constatant qu'il n'existe sans doute pas de terme « plus galvaudé » que l'adjectif picaresque. Précisons encore : tout roman picaresque est un roman à la première personne, mais l'inverse n'est évidemment pas vrai. Tout roman picaresque offre une suite d'aventures, de déplacements et une vision critique de la société. Mais tout roman d'aventures ne saurait être qualifié de « picaresque ». Et tout personnage marginal qui raconte des histoires, voire la sienne, n'est pas forcément en train d'offrir un récit ou un roman picaresque.

On dira que ces propositions frisent l'évidence. Elles sont pourtant oubliées lorsqu'on parle de picaresque dans les lettres latines, dans celles d'Afrique, d'Extrême-Orient, et plus encore dans le monde arabe. Le marginal ou *mukaddî*, tel thème des *Mille et une nuits*, le Barbier de Bagdad ou le savetier Ma'rûf, ne sauraient être définis comme des éléments picaresques. On en dira autant de l'histoire de Till Eulenspiegel ou du *Spill/Le Miroir* du Catalan Jaume Roig, long poème composé vers 1460, pseudo-autobiographique, satirique, voire obscène.

Il en va souvent de même pour des textes parus à partir de la seconde moitié du XVIIᵉ siècle. *Le Page disgracié* (1643) de Tristan l'Hermitte intéresse l'évolution du récit à la première personne et le roman de formation. Miroir du monde, il offre une vision critique, voire tragique de la société : il est « le premier vrai roman autobiographique du XVIIᵉ siècle » et « un roman de l'écriture malheureuse » (Démoris, 1975 : 43-54). Au reste, comme le remarque R. Démoris, le roman personnel en France n'est pas « un roman de gueux », malgré « la visible influence du picaresque ». Il n'y a aucun intérêt à comparer le Tchitchikov des *Âmes mortes* de Gogol, quel que puisse être l'hispanisme de l'auteur, à un *picaro*. Même remarque pour le Bardamu du *Voyage au bout de la nuit* ou pour *Le Brave Soldat Chveik* (1921-1923) du Tchèque Jaroslav Hasek : il est un naïf, un simulateur, un idiot congénital qui peut être dangereux, un pauvre bougre qui cherche à sauver sa peau, un vrai anti-héros sans être aussi un *picaro*. Il ne sert à rien de tenir Candide ou Jacques le fataliste ou la Justine de Sade pour des cousins à la mode d'Espagne de Lazare ou de Guzmán. Répétons donc, avec M. Molho (1968 : CXLI) : « La pensée picaresque est liée, dans le temps de l'histoire, à ce qu'il nous sera permis d'appeler l'Europe d'Ancien Régime. Elle est un événement qui ne lui survivra pas. »

De quelles « naissances » peut-on donc parler en dehors de l'Espagne ? D'abord celles, proches de la relecture, suscitées par d'innombrables traductions, en Angleterre, en Italie et en France où l'on a accueilli « la Garce matoise », « le Bachelier Truffard », « la Fouine de Séville » et le *Guzmán*, traduit par Chapelain en 1619. Au siècle suivant, Lesage en donnera une version « purgée de moralités superflues » (1732). Avec Charles Sorel (*Histoire comique de Francion*, 1623), Scarron (le *Roman comique*, 1651-1657), le picaresque devient burlesque. Lesage, avec son *Gil Blas de Santillane* (1715-1735), fera une sorte de pastiche et non de plagiat, comme Voltaire l'a insinué, non sans perfidie. On a pu étudier les emprunts aux textes espagnols et leur empreinte. Mais le *Gil Blas*, roman de mœurs à la française, vêtu de couleur locale espagnole, est gouverné par un point de vue totalement bourgeois qui vise à l'établissement et à l'anoblissement. On peut parler d'une morale conformiste, proche de la mauvaise foi, d'une obsession de l'*aurea mediocritas* qui se pare d'une sagesse de façade, cachant mal chez un roturier l'obsession nobiliaire.

Il est symptomatique que M. Molho, dans son souci légitime de définir le picaresque espagnol, surtout celui d'*Alemán*, s'interroge sur les possibilités pour ce « roman » de « renaître ailleurs » (*ibid.* : CXXVIII). Il a raison de ne pas considérer comme picaresque le *Simplicius simplicissimus* (1668) de Johann Jakob von Grimmelshausen (1620-1676). On en dira tout autant de son autre roman *Landstörzerin Courasche/La Vagabonde Courage*, en dépit d'un relais italien de 1620 dont Brecht se souviendra. Simplex est

un « paysan ignare et niais », puis un mystificateur et un aventurier, et il convient d'invoquer dans son élaboration le type allemand
du Schelm. Mais avec ce personnage le roman fait sa première
apparition dans le domaine germanique.

En Angleterre, le *Lazarillo* est traduit dès 1576 et le *Guzmán*
en 1622. Entre-temps, Thomas Nashe (1567-1601) a publié *The
Unfortunate Traveller* (1594) qui a pu utiliser le modèle espagnol.
On y trouve un esprit satirique, une volonté d'observer et de mettre
en scène la société élisabéthaine dans des tableaux et des portraits.
C'est avec Nashe et non avec Defoe que la vie quotidienne et un
certain réel entrent dans la littérature anglaise et qu'apparaissent
les premières manifestations d'une fiction réaliste dans un pays
habitué jusque-là aux romans de chevalerie, à la pastorale ou à la
fiction moralisante, chargée d'allusions mythologiques, très appréciée dans les milieux de la cour pour son écriture recherchée, tel
l'*Euphues* (1578-1580) de John Lyly.

Au cours du XVIIe siècle va se développer une littérature de
la gueuserie (*literature of roguery*). En 1652, George Fidge publie
son *English Gusman* et en 1665 sort *The English Rogue* de
Richard Head qui veut rivaliser avec celle d'Alemán. Ce sont là
des jalons qui permettent de mieux situer, sans chercher à le minimiser, l'apport de Daniel Defoe (1660-1731) au genre picaresque
avec *Moll Flanders* (1722). Le titre de cette pseudo-autobiogra-
phie (orfèvre en la matière, il publie la même année *Le Journal de
l'année de la peste*) est fort long. On retiendra : « Douze ans
catin, cinq fois mariée (dont l'une à son propre frère), douze ans
voleuse, huit ans félonne déportée en Virginie. » Ajoutons qu'elle
« devint riche, vécut honnête et mourut repentante ». En dépit de
cette fin, M. Molho veut voir dans ce texte « le seul roman picaresque authentique qui se soit écrit hors d'Espagne » (1968 :
CXXXIX). C'est qu'il lit dans ces aventures « une théologie du
péché, élaborée cette fois par un prédicateur dissident qui a su
faire son profit du *Rogue* » (*ibid.* : CXXXIII). Il veut lire dans la
comptabilité qui obsède la dame (autre thème cher à l'auteur de
Robinson Crusoe) « l'histoire de son âme ». C'est beaucoup, et
peut-être trop. Mais il a encore raison d'arrêter là son enquête et
de ne pas pousser jusqu'à *Tom Jones* (1749) de Fielding, *Ferdinand Count Fathom* (1753) de Smolett, voire *Barry Lyndon*
(1844) de Thackeray où se lirait la mort (définitive ?) d'un genre.

À ce stade, c'est vouloir faire rimer picaresque avec aventures et satire sociale.

Dans une certaine mesure, M. Molho (*ibid.* : CXLII) n'a pas tort de terminer sa magistrale introduction par une mise en garde : ces romans espagnols (*Lazarillo*, *Guzmán*, le *Buscón*) sont « d'une parfaite et totale inactualité ». La proposition est vraie si l'on s'en tient à l'idéologie, à la « pensée » picaresque. Reste la poétique, écriture et imaginaire confondus. Ce n'est pas un hasard si, dans cette revue rapide de la littérature occidentale, le roman picaresque se trouve comme impliqué dans la « naissance » de formes romanesques modernes en Angleterre et en Allemagne. Et si la question du réalisme, la transcription d'un certain réel contemporain liée à un point de vue subjectif, se trouvent posées en Espagne comme ailleurs. Ce sont là des éléments d'une certaine modernité qui nuancent la place qu'on peut attribuer, dans l'évolution du roman, au *Don Quichotte*.

Don Quichotte *premier roman moderne ?*

Il y a toujours quelques risques – et quelque naïveté – à parler de modernité en littérature, surtout en dehors de quelques situations historiques précises (querelle des Anciens et des Modernes, modernité baudelairienne...) qui permettent de définir les contours et les enjeux d'une notion floue et qui ne relèvent en rien de l'esthétique ou de la poétique. Il est clair qu'il n'est pas possible de dégager du texte de Cervantès les éléments de sa modernité comme on peut discerner, non sans précautions, des traits génériques. Parler de modernité ici suppose la prise en compte préalable des diverses réceptions de l'œuvre, de rapports critiques au roman, de lectures qui veulent attribuer un caractère de modernité à tel ou tel élément du texte. La modernité n'existe pas, elle ne s'isole pas : elle est dévolue.

On sait que très vite le *Don Quichotte* a connu un vif succès tant en Espagne qu'à l'étranger. Mais ce phénomène peut cacher quelque malentendu. C'est ainsi qu'en France le roman de Cervantès a suscité pendant plus de deux siècles des enthousiasmes ambigus.

Chef-d'œuvre sans doute, original, assurément. Mais la folie de l'Ingénieux hidalgo n'était qu'une variante de la folie tenue pour une des constantes du caractère espagnol, excessif, doté d'une imagination délirante (chez les poètes, les dramaturges, les mystiques). Cette folie espagnole qui trouvait son contraire dans la raison et la mesure françaises a alimenté et cautionné des interprétations très réductrices de l'œuvre, tenue pour comique. Ce qu'elle est, mais non essentiellement. Le roman de Cervantès n'a jamais eu de grands traducteurs (excepté César Oudin); il a servi largement des canevas de ballets, d'opéras, de comédies, des cartons de tapisseries, plus rarement des arguments de nouvelles et des imitations. Au tournant du Grand Siècle, Robert Challes, sous un nom d'emprunt (*Continuation de l'histoire de l'admirable Don Quichotte de la Manche*, 1703-1713) ou Marivaux (*Pharsamon*, 1713) s'approchent de Cervantès, sans montrer l'intention de le comprendre. On est loin des traductions de Fielding et de Smollett, pour ne rien dire de la transposition à laquelle se livre Dostoïevski avec l'*Idiot*, prenant le Christ et Don Quichotte comme modèles pour son Prince Mychkine. Aussi M. Bardon (1931 : 807), sévère mais lucide, pouvait-il conclure : « Ils n'ont point l'idée que ce soit un livre rare, une merveille littéraire. Et ils le restreignent d'habitude à n'être qu'une satire. » Ajoutons que la critique des romans, singulièrement de chevalerie, leur parodie, ont eu, avant Cervantès, d'illustres prédécesseurs : l'auteur de la chantefable *Aucassin et Nicolette*, Rabelais (*Pantagruel*, XXX et *Quart Livre*, XLII), J. L. Vives en Espagne... Si la satire nous renvoie aux premières réceptions de l'œuvre, la parodie confère à l'œuvre une forme non négligeable d'auto-réflexivité, largement pratiquée dans la littérature moderne (et... postmoderne), elle est une forme de discours qui manie à la fois l'imitation et la subversion, introduisant dans le texte une distance critique, à tout le moins problématique. Ainsi se dessine l'une des acceptions possibles de la modernité du Don Quichotte, à la fois en soi et par rapport à un état actuel de la littérature et de la critique.

C'est le premier Romantisme allemand qui va donner au roman de Cervantès une dimension « moderne », c'est-à-dire en faire un modèle pour une création du temps présent et une référence pour la réflexion actuelle. Il ne s'agit pas d'invoquer ici des écrits qui contribueront à l'élaboration d'un mythe quichottesque, dans lequel l'écrivain (et philosophe) espagnol Miguel de Unamuno a sa part, ni des lectures philosophiques qui vont opposer idéalisme et réalisme, Don Quichotte et Sancho. C'est une poétique du roman que propose Friedrich Schlegel (*Athäneum*, 116 et 238). Il développe l'idée d'une poésie transcendantale, d'une « poésie de la poésie », en se fondant sur la notion de réflexivité issue de la philosophie de Kant et de Fichte. Le roman de Cervantès apparaît alors comme « un système de la poésie élémentaire romantique ». Il contient la philosophie et la critique du roman et la seconde partie réfléchit la première et les réflexions de celle-ci. (Dällenbach, 1977 : 221-3). La lecture de F. Schlegel n'est, à tout prendre, pas très éloignée, dans son principe, de celle de J. L. Borges dans *Enquêtes*, où le roman de Cervantès est comparé à Hamlet, à partir d'un « jeu étrange d'ambiguïtés (qui) culmine dans la deuxième partie ». On songe, bien sûr, là encore à R. Barthes définissant la littérature moderne comme une littérature « qui réfléchit sur elle même », « à la fois objet et regard sur cet objet » (*Essais critiques*, 1964 : 106). Mais on peut aussi citer Marthe Robert (1972 : 11) pour qui « sans aucun doute » le Don Quichotte est « le premier roman moderne » (entre guillemets) en précisant : « si l'on entend par modernité le mouvement d'une littérature qui, perpétuellement en quête d'elle-même, s'interroge, se met en cause, fait de ses doutes et de sa foi à l'égard de son propre message le sujet même de ses récits. » Mais cette modernité du *Don Quichotte*, n'est-elle pas plus qu'une idée admise ? Une idée reçue aussi bien jadis chez Albert Thibaudet que maintenant chez Milan Kundera.

La position d'un des meilleurs spécialistes de Cervantès, Jean Canavaggio, paraît plus intéressante à étudier. Or, dans l'*Histoire de la littérature espagnole* (Fayard, 1993 : I, 559), il tient à faire du *Don Quichotte* « le premier roman moderne ». Un problème de fond que pose l'œuvre, selon lui, est issu de la *Poétique* d'Aristote : celui de la vraisemblance poétique distinguée de la vérité contingente de l'histoire. La réflexion était dans l'air du temps. Mais Don Quichotte, personnage, « illustre à sa manière la puissance contagieuse de la littérature sur tous ceux qui en subissent l'envoûtement ». La vérité de Don Quichotte tient au projet décidé de courir le monde et l'on pense à la formule de M. Foucault : Don Quichotte sort et « lit le monde pour démontrer les livres ». Pour

J. Canavaggio, « il se donne les moyens d'interpréter les désaveux du réel sans sortir du domaine de l'illusion ». Et encore : « Il réussit peu à peu à édifier, sur les ruines du monde légendaire auquel il se réfère, le monde ambigu dont il est le héros. »

Le succès de la première partie (1605) explique la seconde (nov. 1615). Mais il faut invoquer aussi le désir qu'a Cervantès de répondre à cette suite publiée en septembre 1614 par Fernández de Avellaneda. Suite doublement allusive : à l'apocryphe et à la première partie (les personnages de la seconde partie... ont lu la première). On ne saurait inventer auto-référentialité plus cohérente ni dialogisme plus total. « Protagonistes au sens plein du terme, Don Quichotte et Sancho manifestent de la sorte leur existence, attentifs à se montrer en chair et en os aux lecteurs de la Première partie qu'ils croisent sur leur route et qui ne les connaissent qu'à travers le récit de leurs aventures. Désormais confrontés à la représentation que l'on s'est formée d'eux, ils vivent de la renommée de leur propre renommée. [...] Sans cesser un instant de persévérer dans leur être, ils se renouvellent constamment au gré des situations qu'ils affrontent et auxquelles ils doivent adapter leur conduite. » Ainsi s'exprime à nouveau, dans de nouvelles modalités, cette idée simple qui court à travers le roman : l'écart entre le réel et sa représentation. Mais Cervantès a aussi « le premier » laissé la parole à ses personnages : il leur accorde le privilège, la liberté d'en user et les montre dans leur manière de s'en servir et de réagir à l'événement. Il installe ainsi « au cœur de l'homme la dimension imaginaire » et « introduit son lecteur au sein même de l'illusion romanesque ». Telle est la « leçon » qu'a retenue « le roman moderne ».

On peut, à partir de cette magistrale leçon, en lire d'autres, issues de cette frontière indécise entre le réel et le rêve. Et voir que l'écriture se nourrit de cette mise en question de multiples manières : prolifération et critique interne des sources et des archives par le narrateur, multiplication des voix et des prises de parole, oralité envahissante et polymorphe, superposition des différents plans du récit. Tout commence vraiment à partir de cette prodigieuse métalepse (I, VIII, IX) qui laisse le Biscaïen et Don Quichotte bras levés mais en suspens « avec les épées hautes et nues », en attente de récit, c'est-à-dire de caution écrite. C'est alors que surgit l'hypotexte salvateur de Cid Hamet Benengeli. Mais avec ce subterfuge, la fiction se remet en question, la narration se fait aléatoire et en même temps elle s'auto-institue, elle s'instaure et se fonde poétiquement, ce qui n'exclut ni les hésitations, ni surtout les intrusions du narrateur, le rôle actif du lecteur et l'écart toujours patent entre l'écrit et ce qui est lu et à interpréter. Autant dire que toutes les conventions narratives sont à la fois écrites et mises à nu (Scarron, Steme et Diderot sont ici en germe ou plutôt en puissance). Dans ce roman où la littérature est envahissante (Robert, 1972 : 210), tout devient affaire de lecture. Le *Don Quichotte* comme l'assomption du lecteur, pour sa plus grande jubilation : telle serait l'une des caractéristiques, évidente et complexe, de ce roman.

Depuis le verger d'Yvain (voir question 14), la lecture a progressé ou plutôt elle s'est compliquée, elle en vient même à réfléchir sur ce qu'est le roman. Elle a multiplié ses possibilités de réflexion et de plaisir, grâce au roman.

21 *Le roman : un genre en crise ?*

Au sens devenu courant du mot crise il faut ajouter celui qu'indique l'étymologie : *crisis* en grec signifie examen. Le roman est en crise parce qu'il s'examine ; il est examiné et critiqué au XVIIe comme au XVIIIe siècle. Il porte en lui la critique du genre auquel il prétend appartenir, comme s'il y avait présence diffuse ou héritage du *Don Quichotte*. Un certain type de roman apparaît qui donne à la fois l'aventure et son contraire, l'endroit et l'envers, de façon plus ou moins compliquée. On ne parlera pas d'un genre nouveau, mais plutôt d'un dispositif orientant, contrôlant la narration. Le roman serait-il honteux d'être roman, de n'être que roman ? Il donne quelquefois cette impression. Plus souvent, le roman s'amuse à se critiquer, à se parodier. Telle est la vraie crise du roman, aux formes variées, qui va de Sorel à Sterne, de Scarron à Diderot. Mais il y a plus, ou plus simple.

Le roman a eu, d'*Amadis* à *Don Quichotte* en passant par *La Diana* et *Guzmán*, son heure espagnole. Ou son *Siglo de Oro*. À partir du milieu du XVIIe siècle, le roman disparaît du champ littéraire espagnol. Disparition durable, spectaculaire, sauf traductions et adaptations de modèles étrangers, jusqu'à… Pérez Galdós, c'est-à-dire la seconde moitié du XIXe siècle (voir question 30). Faut-il préciser qu'à la fin du XVIIIe siècle, on ne peut parler de roman portugais ni de roman italien ? Dit autrement : le système des genres littéraires de ces pays ignore le roman. L'Allemagne voit s'affirmer le roman dans les dernières décennies du XVIIIe siècle. Ce rapide panorama est à peu près celui que dresse la *Gazette littéraire* (30-V-1764) : « Les Espagnols n'ont pas eu depuis le *Don Quichotte* un seul roman qui mérite d'être lu et ils n'en sont pas à plaindre. Les Italiens n'ont rien eu depuis l'*Orlando furioso* et en effet que pourrait-on lire après lui ? » L'article ajoute qu'« on ne lisait guère dans l'Europe des romans anglais avant *Pamela* ».

Il y aura donc une heure anglaise du roman, longue à venir. À la différence du roman « espagnol » ou plutôt picaresque, il n'est pas sûr qu'on puisse ni même qu'on doive parler d'un roman « anglais » grâce auquel s'affirmerait le réalisme : un roman qui préparerait le siècle suivant (voir questions 26 et 32). On comprend mieux comment la forme épistolaire (voir question 24) peut apparaître comme la seule forme sinon inventée du moins exploitée au XVIIe et surtout au XVIIIe siècle, comme une relance du roman, offrant des possibilités nouvelles pour la narration. Face à cette solution formelle, le roman au XVIIe et plus encore au siècle suivant semble exister sous quantité d'espèces et de variétés, de sous-genres (autre forme de la crise) : robinsonnade (voir question 23), roman pédagogique, utopique, roman féminin, roman d'aventures, d'amour (tautologies !) en tout genre, mais non sans force ou réussite (exemple : l'abbé Prévost). Autres formes de la crise : la prolifération des sous-genres, des étiquettes, le plus souvent inventées après-coup, et l'existence de romans qui ne sont ni nouveaux ni traditionnels et ne relèvent que d'un nom (plus ou moins prestigieux) devenu sa propre justification et son propre modèle, ce qui pourrait s'appeler au sens plein du terme la modernité. Mais le roman semble aussi souvent menacé ou séduit par d'autres formes que revêt la fiction : le conte, la nouvelle, le récit court (roman dit psychologique avant la lettre, roman libertin…), les histoires de vie et les pseudo-mémoires… Conséquence de cet éclatement des formes ou ultime aspect de la crise du roman : celui-ci devient objet d'études et les préfaces, lettres ou traités se multiplient.

Reste, dans l'Europe occidentale qui est (et sera encore longtemps) l'espace du roman, le cas de la France où un système littéraire hiérarchisé et institutionnalisé rend sans doute plus nets ou plus aigus la crise du roman et le heurt des formes et des modèles. Trois noms marquent en un demi-siècle la continuité d'une réflexion sur la nature, la fonction et le pouvoir du roman.

Le Berger extravagant (1627-1628) de Charles Sorel (1600-1674) est une parodie des romans pastoraux au moment du grand succès de *L'Astrée*. Dans une deuxième édition, il porte le sous-titre révélateur d'« anti-roman », catégorie utilisée par Jean-Paul Sartre dans la préface qu'il donne en 1947 à *Portrait d'un inconnu* de Nathalie Sarraute. Elle lui servait à définir un roman où « il s'agit de contester le roman par lui-même », un roman qui « est en train de réfléchir sur lui-même ». C'est ce que fait, à sa manière, Charles Sorel qui poursuit sa réflexion avec l'*Histoire comique de Francion* (1623-1626-1633). Là, les interventions du narrateur sont multipliées et la dimension métatextuelle s'affirme comme la recherche d'une écriture et la réflexion sur celle-ci qui caractérisent, selon la critique, le roman « moderne ». On ne sera donc pas surpris de découvrir en Charles Sorel un historien du roman et des lettres dans sa *Bibliothèque française* (1664) et dans *De la connaissance des bons livres* (1671).

C'est par le moyen d'une écriture burlesque, jouant sur la dissonance et la possible distance critique que Paul Scarron (1610-1660) met en évidence les conventions romanesques dans son *Roman comique* (1651 et 1657). Il faudrait s'arrêter sur ce burlesque dont le *Don Quichotte* n'est pas exempt et qui hante la poésie et la prose depuis l'Arioste. Il héroïse le vulgaire et dégrade le sublime et l'épique. Exercice de lettré fort prisé en France, il donne une forme festive à la critique et cultive la littérature spéculaire. Il séduit, on le sait, Boileau mais aussi Scarron (*Virgile travesti*) et encore Antoine Furetière (1619-1688) avec son *Énéide travestie* (1649). C'est lui qui pousse le plus loin la mise en question du roman dans son *Roman bourgeois* (1666). Dans la présentation qu'il donne de l'œuvre (éd. Folio), Jean Prévost parle de « mise en pièces », de « défi total aux lois internes et externes du genre », hasarde une comparaison avec Georges Perec, présente une écriture qui veut « désarticuler » et « déstructurer tout texte romanesque en rédigeant le sien ». Furetière s'est bien engagé dans la contestation de la poétique romanesque (refus exprimé de toute description jugée inutile), de la logique romanesque (mise en cause de l'enchaînement des causes et des effets), de la notion de personnage et du pacte conventionnel entre narrateur et lecteur. Bref, il a écrit « une grotesque contre-épopée ». Et de son côté J. Serroy (1981) considère que l'ironie du romancier « ouvre la voie à cette "ère du soupçon" qui caractérise l'aventure du récit moderne ».

Un siècle plus tard, après la vague des romans réalistes et « de sentiment » en Angleterre, Laurence Sterne (1713-1768) instruit à nouveau, de façon plaisante et systématique, le procès du roman avec *The Life and Opinions of Tristram Shandy* (1759). La bonne *Biographie universelle du XIXe siècle* montrait quelque humeur à l'égard d'un romancier qui « cause toujours et ne compose jamais ». Le formaliste russe V. Chklovski est, on s'en doute, meilleur lecteur : « C'est la conscience qu'il nous fait prendre de la forme en la détruisant qui constitue le contenu de son roman. » (Tadié, 1987 : 29). Encore faut-il voir que le roman « parodique » a, en cette seconde moitié du siècle, de solides devanciers et Sterne reconnaît d'ailleurs Rabelais et Cervantès comme des modèles. Diderot, qui l'appelle le Rabelais anglais, l'a lu et rêve d'être « en même temps historien et poète, véridique et menteur » (Postface aux *Deux Amis de Bourbonne*). Il est son disciple dans *Jacques le fataliste* (1773-éd. 1796) lorsqu'il s'amuse à déjouer le pacte de la lecture, celle de la logique narrative, linéaire, et celle, réaliste, où les mots renvoient aux choses. Sterne en effet remet en cause les mots mêmes dont se sert le romancier : mots instables, mots insuffisants qui obligent le lecteur à remplir les blancs du texte. On comprend que cet écrivain qui joue avec les mots ait retenu l'attention de Joyce. De même, celui qui réfléchit sur la subjectivité de l'homme écrivant et lisant, et qui explore les techniques de narration, a intéressé Virginia Woolf.

Après le passage de Sterne, on peut se hasarder à définir ce qui, depuis Cervantès, constitue la crise du roman : une écriture en train de se faire, un livre en cours de rédaction, le conteur se masquant en homme qui écrit et se regarde écrivant ; et encore, la tension introduite, par l'importance même accordée à l'écriture, entre l'illusion inhérente à toute fiction et le réel auquel elle renvoie par convention ; enfin la présence d'un lecteur implicite constamment interpellé, tour à tour bon public et critique, promu arbitre de l'écriture et comme responsable d'un sens, celui auquel il décide de s'arrêter, s'il le peut.

Naissance d'un roman en crise ? La formule peut faire sourire. Pour expliquer cette donnée nouvelle, on pourra remarquer qu'il a fallu un détour par l'histoire littéraire. C'est sans doute parce que le roman commence à en avoir une et qu'il faut compter avec elle. On va même l'écrire : Chapelain (*La Lecture des vieux romans*, 1647), Boileau (*Dialogue des héros de roman*, 1665), P.-D. Huet (*Sur l'origine des romans*, 1670); et à l'autre bout de notre période Mme de Staël (*Essai sur les fictions*, 1795) ou le marquis de Sade (*Idée sur les romans*, 1800).

Diderot lance, dans *Jacques le fataliste* : « Avec un peu d'imagination et de style, rien n'est plus aisé que de filer un roman. » Le roman, périodiquement, décide de ne plus « filer ». Il s'arrête et s'examine. La crise n'est donc pas trop grave et elle se révèle plus ancienne que certaines remises en cause récentes ne pourraient le faire croire. Dans un contexte précis, celui de la France, elle a eu pour conséquence, dans la seconde moitié du XVIIᵉ siècle, la naissance d'un genre nouveau.

Comment est né le « roman français » ?

Il naît en 1678 à la suite de ce qu'il faudrait appeler une crise de croissance et d'une évolution du goût. Il s'agit donc aussi d'un changement dans les sensibilités, dans l'imaginaire d'un public. Quant au mot entre guillemets, il désigne de fait un texte prototype (*La Princesse de Clèves*) et Albert Camus l'utilise dans un essai (*Confluences. Problèmes du roman*) exploité avec une grande pertinence par Cl.-E. Magny (1950 : 58).

Le public lecteur de la première moitié du XVIIᵉ siècle fait un triomphe à *L'Astrée*, mais il apprécie vivement le roman héroïque et galant. Il faut entendre par là une sorte de variante en prose du « poème héroïque » (Le Tasse en a fait la poétique), des histoires d'amour qui déroulent interminablement leur intrigue dans une époque passée. Elles se fondent sur les modèles du poème épique (c'est un précepte de l'abbé d'Aubignac dans sa *Pratique du Théâtre*, 1657), du roman grec, des « anciens romans » de chevalerie ou sur des modèles plus modernes. On retiendra tout particulièrement les

Guerres civiles de Grenade (1595 et 1619) de Ginés Pérez de Hita (1544-1619) qui actualisait la thématique du roman de chevalerie (tournois, fêtes, jeux de l'amour) en la transportant dans l'atmosphère grenadine, riche en effets exotiques. On trouve une influence de ces thèmes par exemple dans l'*Almabide* (1660-63) de Mlle de Scudéry. Les personnages de ces romans et leurs sentiments sont idéalisés, les situations convenues, mais elles suscitent l'analyse du cœur humain et diffusent des valeurs aristocratiques qui expliquent une part du succès de ce romanesque auprès d'un certain public. Le genre a été illustré par Marin de Gomberville (1600-1674) avec son *Polexandre* (1637), Gautier de La Calprenède (1610-1663), auteur d'une *Cléopâtre* qui a popularisé le fier Artaban, Georges (1601-1667) et Madeleine de Scudéry (1607-1701), auteurs à succès avec *Ibrahim ou l'Illustre Bassa*, (4 vol., 1641), *Le grand Cyrus* (10 vol., 1649-1653) et *Clélie* (10 vol., 1654-1660) où figure la fameuse Carte du Tendre.

Ce grand roman va faire l'objet, vers le milieu du siècle, de railleries et de critiques de plus en plus précises. On les trouve jusque dans des fictions, par exemple dans *La Précieuse* (1656-58) de l'Abbé de Pure. On se lasse également des romans picaresques. Dans le même temps, la nouvelle a les faveurs du public : nouvelles dans le goût espagnol, en recueil ou interpolées dans le roman (Scarron), nouvelles « françaises » (1657), titre d'un recueil de Jean Regnault de Segrais (1624-1701). Avec ces récits courts, on recherche plus de simplicité et, au delà, la vérité des sentiments. Recherche... Le mot n'est pas déplacé si l'on songe aux nouvelles de Donneau de Visé, de l'abbé de Saint-Réal, de Mme de Villedieu (tentée aussi par le roman héroïque), et au petit cénacle dont le centre est Mme de Lafayette (1634-1693) où l'on trouve Ménage, Huet, Segrais, sans omettre le Duc de La Rochefoucauld. Tous quatre ont été cités comme des collaborateurs possibles de Mme de Lafayette pour des nouvelles, historiques le plus souvent, ou un roman dans le goût hispano-mauresque, *Zaïde* (1670-1671). En 1678 sort, sans nom d'auteur, *La Princesse de Clèves*. Les nombreux commentaires que suscite ce texte en font presque l'équivalent d'un texte expérimental. Dans le contexte de l'époque, cette « histoire » ou petit roman (« un roman des galanteries de la Cour de Henri second ») tient à la fois du roman héroïque pour certains épisodes quasiment détachables, pour l'analyse des sentiments, et de la nouvelle historique où se mêlent personnages historiques et héros fictifs. Pour l'abbé de Charnes, les histoires galantes (c'est le mot employé pour ce genre nouveau) sont « des copies simples et fidèles de la véritable histoire, souvent si ressemblantes qu'on les prend pour l'histoire même ». Les choses y sont représentées « de la manière qu'elles se passent dans le cours ordinaire du monde ». Mais cette vérité n'exclut pas ici l'image pessimiste de la nature humaine. On parlera même du tragique de l'histoire. Celle-ci offre, dans sa relative brièveté, la narration détaillée et l'analyse de la naissance du sentiment amoureux, de son développement, des obstacles rencontrés, d'abord extérieurs, puis intérieurs, le débat entre l'amour et le devoir, la coexistence jugée rare de l'amour et de la raison, du travail discursif de la raison. Ce que le roman pastoral multipliait et amplifiait est ici comme simplifié et concentré, montré dans sa singularité exemplaire, dans une logique poétique proche en effet de l'action tragique.

La Princesse de Clèves, plus que d'autres histoires, a contribué à orienter le goût du public vers le roman court, où l'action romanesque cède la place à l'analyse du cœur. Face à un romanesque qui s'épuisait dans la répétition et la démesure, le texte fait faire au roman une cure de jouvence… et de minceur. La brièveté, ici, va devenir moins un modèle qu'une modalité de récit. Un certain Du Plaisir peut écrire en 1683 (Sentiments sur les lettres et sur l'histoire) : « les petites histoires ont entièrement détruit les grands romans. » La petite histoire de Mme de Clèves et de M. de Nemours a sa part dans cette destruction.

Elle crée rapidement son public d'enthousiastes (à vingt-et-un ans, Fontenelle l'avait déjà lue quatre fois), puis des générations d'admirateurs, de Stendhal à Camus. Elle devient le prototype du roman court, au besoin détachable d'un tout (on pense à Manon Lescaut), où la longueur est inversement proportionnelle à l'intensité des sentiments. Elle est pour beaucoup (de Français) le premier roman français. Le premier d'une lignée attentive au style, à une sécheresse élégante, tenue par nombre de critiques français comme emblématique d'une mesure, d'une raison, d'une clarté françaises. Une qualité qui recouvre à la fois la culture et l'idiosyncrasie et qui s'approche donc du stéréotype. Quelle lignée ? Les « romanciers moralistes » (Magny, 1950 : 67), Benjamin Constant et son Adolphe, Radiguet, admirateur déclaré de sa devancière, le Gide d'*Isabelle*, entre autres textes brefs, Jacques Rivière pour son *Aimée*. C'est le style NRF de l'entre-deux-guerres, bien défini par Charles Du Bos dans son journal : « C'est comme si l'auteur nous disait : voyez, cela n'a l'air de presque rien, et dans ce presque rien il y a tout. » Le genre s'est continué avec, entre autres, les minces histoires de F. Sagan et du premier Ph. Sollers, salués tous deux avec enthousiasme par Mauriac, qui reconnaissait en eux une tradition perpétuée. Avant eux, on retiendra encore l'*Alexis* de Marguerite Yourcenar qui parle de récit « à la française », toujours avec guillemets (*Les Yeux ouverts*, 65).

Au-delà de ce succès de longue durée, la réception remarquée de ce roman en France marque l'adhésion à une littérature de vérité psychologique qui, pendant longtemps encore, tiendra lieu de ce qu'ailleurs la critique nommera sentimentalisme ou réalisme.

23 Naissance du roman anglais ou naissance du réalisme ?

La question se pose parce qu'un ouvrage critique qui a fait date (Watt, 1957) l'a posée et y a répondu d'une façon sans doute nuancée mais positive. Il faut reconnaître qu'il accorde un contenu philosophique au mot réalisme. Celui-ci renvoie à la philosophie moderne qui, de Descartes à Locke, promeut l'individu et ses capacités d'analyse et de pensée, de recherche de la vérité. Le roman anglais (*novel* et non plus *romance*), expression d'une nouveauté, d'une originalité (dans le contexte anglais, faudrait-il préciser), abandonne les thèmes du *romance* (mythologie, légendes), ses sujets et son style conventionnels (la tradition du roman dit baroque, la vogue de Lyly par exemple, voir question 19) et rend compte de la vie réelle, actuelle, à partir d'un point de vue particulier (propre à un personnage) : « *the novel's realism does not reside in the kind of lie its presents, but in the way it presents it* » (*ibid.* : 11). Watt met souvent l'accent sur les éléments révélateurs de la réalité, sur une certaine thématique (l'individualisme de Defoe, la vie privée et l'intimité chez Richardson), avec d'autant plus d'insistance que ce roman nouveau, selon lui, ne se soucie pas du style. Insister sur l'usage référentiel du langage et en faire un élément de nouveauté montre bien dans quelle voie peut s'engager le réalisme, au siècle suivant. Si la tradition antérieure est définie en ces termes : « *not primarly concerned with the correspondance of words to things* » (*ibid.* : 28), on peut poser comme principe que l'esthétique réaliste fait plus confiance aux choses, qui sont premières, qu'aux mots. Conséquence particulièrement significative : le roman français, de *La Princesse de Clèves* aux *Liaisons dangereuses* (« *the polar opposites of Defoe and Richardson* »), est présenté comme extérieur à la tradition du « *novel* », hiérarchie justifiée en ces termes : « *For all its psychological penetration and literary skill, we feel it is too stylish to be authentic* » (*ibid.* : 30). Sur quels critères va se mesurer l'authenticité plus ou moins grande d'une littérature ? On n'ose supposer qu'elle serait à trouver dans un langage plus largement référentiel, caractéristique du « *novel* » (« *the function of language is much more largely referential in the novel than in other literary forms* »).

Il est encore plus gênant de constater que le roman picaresque, espagnol mais aussi anglais (Th. Nashe n'est pas cité), est complètement ignoré : cette lacune amène Watt à doter le roman anglais de qualités et de nouveautés qui devraient être relativisées. Enfin, la théorie du roman comme « épopée comique en prose » que Henry Fielding, auteur comique, satiriste, tout autant que romancier à succès, expose dans sa préface à son roman-parodie de la *Pamela* de Richardson, *Joseph Andrews* (1742), semble mal illustrer l'esthétique référentielle qui définit celle du roman nouveau. La dimension comique, parodique, voire la caricature (qualités évidentes de l'écriture de Fielding) ne semblent cependant pas aller dans le sens d'un réalisme ou d'une *mimesis*. En revanche, la définition est précieuse, en ce qu'elle vient combler la fameuse case vide que G. Genette a mise en évidence dans la *Poétique* d'Aristote et elle préfigure, sur le mode comique, la définition hégélienne du roman (*Esthétique*, 1835) comme l'« épopée bourgeoise moderne ».

L'étude de Watt repose sur trois noms : Daniel Defoe (1660-1731), Samuel Richardson (1689-1761) et Henry Fielding (1707-1754). Elle n'accorde qu'une place fugitive à d'autres : Laurence Sterne (1713-1768), Tobias G. Smolett (1721-1771), Oliver Goldsmith (1730-1774) et Jane Austen (1775-1817). Cette liste ne doit pas laisser croire qu'il s'agit de redonner consistance à l'idée d'un « roman anglais » aussi varié qu'un supposé roman « français ».

Toutefois, il faut remarquer que tant Defoe, pour *Moll Flanders* (voir question 19), que Smollett, pour *Roderick Random* (1748) ou *Ferdinand Count Fathom* (1753), que Fielding, avec *Tom Jones* (1747), obligent à recourir, à des degrés divers, à l'influence espagnole et aux modèles picaresques, pour la conception générale comme pour une certaine thématique. Smollett a été, rappelons-le, traducteur du *Don Quichotte* et de *Gil Blas*. P.-G. Boucé (1971 : 127) parle de façon convaincante d'aventures plus « péripatétiques » que picaresques et esquisse d'ailleurs un parallèle entre Smollett et Nashe. Bien sûr on ne trouvera pas la thématique de la faim, de l'anti-honneur, mais la satire et le schéma du personnage à plusieurs maîtres sont à l'œuvre. L'influence du *Don Quichotte* est avouée dans *Launcelot Greaves* (1760-1761), à l'esprit dérangé par un chagrin d'amour, qui décide de se lancer sur les routes d'Angleterre pour se faire redresseur de torts.

Beaucoup font de Defoe le premier romancier moderne et de *Robinson Crusoe* le premier roman d'aventures (précisons alors anglais). L'histoire littéraire oblige à constater que cet indéniable *best-seller*, épopée puritaine à la gloire de l'esprit d'entreprise, qui doit quelque chose à la tradition de la littérature utopique et aux récits de voyage à la mode, ne saurait être un exemple de réalisme dans le roman, mais le modèle d'un sous-genre romanesque qui va connaître pendant deux siècles un succès large et constant : la robinsonnade. Encore faut-il voir les diverses formes qu'elle a prises : littérature pédagogique, voire didactique dans le domaine germanique (J. G. Schnabel, *L'Île Felsenburg*, 1731-1743, J. H. Campe, *Le Robinson allemand*, 1779, J. D. Wyss, *Le Robinson suisse*, 1813), et roman d'aventures (R. L. Stevenson, *L'Île au trésor*, 1882, J. Verne, *L'Île mystérieuse*, 1874 ou *L'École des Robinsons*, 1882).

Sans doute vaudrait-il mieux chercher les traces d'un réalisme littéraire dans cette fausse littérature de témoignage qui prend le modèle du journal intime et non celui d'une forme romanesque : *Le Journal de l'année de la peste* (1722). Mais ce réalisme qui surgirait d'une écriture privée n'est-il pas aussi, à la même époque, sous la plume de Marivaux (*Vie de Marianne*, 1731-1741, ou *Le Paysan parvenu*, 1735-1736) ? Ou mieux encore sous celle de Robert Challes (1659-1721) : *Les Illustres Françaises* (1713) dont le succès en France et en Europe est loin d'être négligeable. Ces sept histoires « véritables » sous forme de « roman concertant » (Démoris, 1975 : 310-26) sont de plus en plus reconnues comme un roman de la vie privée dont l'esthétique réaliste fait date. À quoi s'ajoute la volonté de varier les stratégies narratives et d'approfondir l'analyse psychologique.

Il ne s'agit pas de jouer, on l'aura compris, le roman français contre le roman anglais, mais bien plutôt de jeter quelques doutes sur l'intérêt de rechercher des précurseurs réalistes : on se souviendra que Pétrone, Apulée ou tel Grec pouvaient prétendre à cette dignité. La transcription d'un certain réel fait sans doute partie des projets avoués de Defoe ou d'Oliver Goldsmith : son *Vicar of Wakefield* (1768, *Le pasteur de Wakefield*) donne avec les déboires du Dr Primrose, pasteur anglican, une des premières images fouillées, pittoresques et moralisantes de la vie rurale et patriarcale. On ne peut en dire autant de Fielding, le père du roman anglais, selon W. Scott. Il est vrai qu'il a su trouver avec *Tom Jones* (1749) un équilibre entre, d'une part, le sentimentalisme mis à la mode par Richardson (il l'a parodié, mais il le réintroduit par le biais de sa théorie de la « bonté naturelle du cœur ») et, d'autre part, une verve comique qui s'en prend aux abus de la société, dans une tonalité proche de celle du peintre et graveur Hogarth. Les tribulations de Tom Jones qui finira par épouser Sophie Western, celle qu'il aime, dépassent quelque peu l'idée d'une pure et simple peinture de milieux sociaux, comme celui du hobereau, père de Sophie. Il y a sinon l'épopée à laquelle rêvait Fielding, du moins la grande aventure humaine d'un jeune homme qui apprend la vie, et le roman d'aventures se rapprocherait d'un roman d'apprentissage (voir question 25).

Le réalisme, enfin, est loin de rendre compte de la tendance générale qu'aurait prise le roman anglais. Il faudrait évoquer le roman gothique qui commence à partir de 1764 (*Le Château d'Otrante*). Ce sous-genre auquel W. Scott est quelque peu redevable (voir question 26) recevra son coup de grâce avec *Northanger Abbey* (1798-1799) de Jane Austen. Par ailleurs, à en croire nombre d'histoires littéraires, il faudrait parler d'un roman sentimental qui nuance fortement la peinture réaliste de la société : ce serait l'apport de Richardson. Mais son succès spectaculaire a servi à la reconnaissance d'une authentique forme romanesque, vite transformée en modèle durable pour l'Europe, voire l'Amérique : le roman épistolaire ou roman par lettres.

24   *Le roman épistolaire : quelle fortune ?*

Toute étude sur le roman épistolaire (Versini, 1979 : 7-29) tient le XVIIIᵉ siècle pour l'âge d'or du roman par lettres, en France particulièrement, mais ne peut qu'insister sur une « préhistoire du genre » et souligner sa quasi disparition, coïncidant avec la fin du XVIIIᵉ siècle, avec des résurgences sporadiques. Discrète, voire secrète fascination propre à cette littérature particulière de la vie intime, de la vie privée ? La question du rayonnement du genre ou celle de son extension dans l'espace et le temps se pose donc plus fortement peut-être que celle de sa définition qui semble évidente.

La lettre a évidemment une fort longue histoire littéraire qui n'intéresse notre propos que lorsqu'elle rencontre une forme narrative qui peut être appelée roman. Cette rencontre est très ancienne : la lettre est un moyen narratif que connaît le roman grec et, après lui, le roman de chevalerie et le roman pastoral. Autre possibilité : un recueil de lettres qui, publiées, apparaissent comme une histoire romanesque, autant dire une histoire d'amour. C'est le cas du texte prototype, curieux à plus d'un titre : *Historia de duobus amantibus* (1444), amants qui se nomment Lucrèce et Euryale, dont l'auteur, Aeneas Silvius Piccolomoni, n'est autre que le futur pape Pie II. Autres jalons plus proches du roman que cette histoire morale en latin : *Les Angoisses amoureuses* (1538) par Dame Helisenne de Crenne, *Les Lettres amoureuses* (1555) d'Étienne Pasquier, les très célèbres *Lettres de la religieuse portugaise* (1669) qui sont sans doute de la plume d'un gentilhomme gascon, Guilleragues, et la « récupération » des lettres d'Héloïse et d'Abélard dans des éditions françaises (1642-1695) et anglaise, due à Pope (1717). Il y a donc sinon une tradition, du moins une possibilité narrative qui se dessine : une histoire romanesque à base de lettres écrites par une femme, germe d'un roman épistolaire féminin et monophonique qui joue sur l'authenticité apparente de l'écrit, sa spontanéité et la sincérité exprimée par le présent d'une écriture (Versini, 1979 : 45). Le XVIIIᵉ siècle sera marqué par le passage de la monodie à la polyphonie, passage lent et qui est loin d'être le garant d'un succès la quantité l'emporte sur la qualité. *Les Lettres persanes* (1721) (« une espèce de roman » selon

leur auteur, Montesquieu) offrent une multiplicité de correspondants, et donc de points de vue, mais il s'agit plus d'un écrit moral
et satirique empruntant la forme épistolaire que d'un roman. La
philosophie empruntera souvent la forme épistolaire comme l'humanisme en avait usé.

Les deux immenses succès de Richardson marquent justement le passage chez un même romancier du roman monodique
avec voix unique, *Pamela or the Virtue rewarded/Paméla ou la
vertu récompensée* (1740-1741), à la polyphonie, à la pluralité de
voix avec *Clarissa Harlowe* (1748) et *Sir Charles Grandison*
(1753-1754). Au début, le personnage de Paméla est le moyen
commode de faire passer des idées morales sur l'éducation des
filles et sur la morale. Paméla, servante que poursuit de ses assidui-
tés un fils de famille libertin (Mr B.) raconte des malheurs qui fini-
ront par un mariage, symbole de la constance de la vertu et de la
victoire discrète, attendrie du Bien sur le Mal, et Paméla deviendra
mère de famille exemplaire. Mais la fusion était opérée entre une
thématique manichéenne exploitant les infortunes passagères de la
vertu, une tonalité sentimentale chère à l'époque et une forme littéraire. Le roman de mœurs avait rencontré la forme épistolaire,
proche encore du récit à la première personne. Avec *Clarissa Harlowe*, on dispose de quatre correspondants : le couple féminin des
deux amies (Clarissa et Anna) et le couple masculin (Lovelace,
devenu presque un substantif, le stéréotype du séducteur et son
ami John Belford). Le roman, ici, se termine dramatiquement : viol
de Clarissa, fille vertueuse mais trompée et qui se laissera mourir,
mort de Lovelace en duel. Quant à l'histoire de Grandison, caractère opposé à Lovelace, qui épousera non Clementina, italienne et
catholique, mais Harriet, de la même religion, elle est loin d'avoir
eu le succès des deux romans précédents. Ceux-ci ont connu sur le
continent un accueil enthousiaste (à signaler la traduction de *Clarissa* par l'abbé Prévost, romancier averti). À sa mort en 1761,
Richardson est encensé par Diderot. Dans l'*Éloge de Richardson*,
il canonise, dans tous les sens du terme, des romans « qui élèvent
l'esprit, qui touchent l'âme, qui respirent partout l'amour du
bien ». Il faudrait donc trouver pour les fictions de Richardson un
autre mot que celui de roman qui, jusqu'alors, a été « un tissu
d'événements chimériques et frivoles ». Pour Diderot, il s'agit d'un
genre sérieux, moral et Richardson a écrit des romans et non du

romanesque : « il ne fait point couler le sang le long des lambris. »
Il préfère en effet faire dégouliner les bons sentiments. On voit
l'originalité mais aussi les dangers formels d'une telle forme : une
suite de situations statiques contées à travers des monologues qui
attendent l'échange pour faire avancer une action. Celle-ci dépend
de la subjectivité des personnages. Encore faut-il qu'elle ne sacrifie
pas trop aux stéréotypes ou aux clichés.

L'impulsion est cependant donnée. En Angleterre, sur 1936
romans publiés entre 1741 et 1800, 361 sont des romans par lettres
(cités par Versini, 1979 : 101). Le premier roman « américain »,
The Power of Sympathy (1789), est un roman par lettres. Mais dès
1744, Benjamin Franklin, en imprimant *Pamela* à Philadelphie, fait
de ce roman le « premier » roman « américain ». La France
n'échappe pas à la mode (dix romans épistolaires en moyenne par
an entre 1760 et 1780...). Elle la renforce et l'illustre avec un
énorme succès, *La Nouvelle Héloïse* (1761) de Jean-Jacques Rousseau (soixante-douze éditions françaises de sa parution à 1800).
C'est une de ces œuvres, comme le remarque R. Pomeau, que le
public « confusément espérait » et avec elle « s'établit l'empire
moderne du roman ». Le roman épistolaire échappe aux griefs très
forts que Rousseau adresse au genre romanesque. Il a emprunté à
Richardson un schéma d'intrigue, mais il s'agit ici de faire dialo-
guer deux cœurs qui s'épanchent, ceux de Julie et de Saint-Preux.
Mais il faut reconnaître que Rousseau a voulu varier la thématique
sentimentale et morale et s'approcher d'un roman-somme (édition
de René Pomeau, 1981 : XXVIII) : lyrique avec description de la
nature, la félicité bucolique, les scènes de genre (les fameuses ven-
danges de Clarens), moral avec l'atmosphère parisienne, mondaine
et décevante, psychologique, voire philosophique avec les médita-
tions sur l'amour, l'action du temps, les limites de la subjectivité,
ces modulations du moi qui ont tellement touché le public. La postérité serait peut-être plus sensible à l'intérêt qu'offre l'exploration
du mal dans *Les Liaisons dangereuses* (1782) de Choderlos de
Laclos, dont L. Versini a su montrer la « polyphonie maîtrisée ».
La monodie est retrouvée avec *L'Émigré* (1797) de Sénac de Meil-
han et surtout avec *Oberman* (1804) de Senancour : là, la collection de lettres est proche du journal intime et l'auteur se défend
d'ailleurs d'avoir écrit un roman : un homme a « écrit sa pensée ».
Senancour (1770-1846), adepte du monodisme et influencé par

Rousseau, poursuivra avec *Aldomen* et encore avec *Isabelle* (1833). Il est cependant significatif que le roman par lettres survit dans les premières décennies comme roman féminin, avant d'être considéré sévèrement par le jeune Hugo comme « une conversation de sourds muets » (Versini, 1979 : 210).

Le roman épistolaire s'est diffusé en Europe : en Russie avec Feodor Emine (1735-1770) influencé par Rousseau. Il est curieux de noter que Dostoïevski fera son entrée romanesque avec un feuilleton épistolaire (*Les Pauvres Gens*, 1846). Plus curieux encore, le roman *Zoo* (1923), « anti-roman » du formaliste Victor Chklovski. En Espagne, avec *Las cartas marruecas/Les Lettres marocaines* (1793), Cadalso s'inspire du modèle de Montesquieu. Au Portugal, où la religieuse dite portugaise n'est pas totalement une invention française et où elle a son couvent à Béja, trois femmes publieront juste avant la Révolution des œillets de 1974 *Les Nouvelles Lettres portugaises*, texte de combat, tandis que les variations de focalisation que permet la forme tentent Almeida Faria, un des tenants du roman nouveau. L'Italie nous ramène à la fin du XVIIIᵉ siècle avec une des toutes premières manifestations romanesques : *Les Dernières Lettres de Jacopo Ortis* (1798-1802) de Ugo Foscolo. Le roman a une valeur littéraire mais surtout politique : la douleur d'Ortis devant l'Italie opprimée explique autant son suicide que son amour malheureux. Il est en outre, sans simplification, le Werther italien.

Le roman sentimental anglais et le roman de Rousseau ont eu une influence déterminante en Allemagne, notamment par le biais des traductions. Dans un pays où il semble qu'une littérature romanesque de langue allemande soit impossible, un « événement » et un « avènement » se produisent en 1774 avec *Les Souffrances du jeune Werther* de Goethe (édition de P. Bertaux, Gallimard : 13). Ce petit texte en fragments sauvés par un éditeur qui intervient (la convention utilisée jusqu'à l'extrême) est fondé sur un triangle amoureux (deux hommes, Albert et le héros, et une femme, Lotte), quelques détails autobiographiques et un fait divers tragique (le suicide d'un jeune écrivain). Il est tributaire d'une tradition littéraire antérieure (anglaise et française) mais il devient aussitôt un modèle littéraire et moral. Lichtenberg a pu parler de la fureur werthérienne, la wertheromanie. On s'habille à la Werther et... on se suicide à la Werther. Il y aura une *Female Werther*, traduction anglaise de la *Wertherie*, texte français de 1791. Plus sérieusement, la postérité de Werther, ce sont Ortis, Oberman, René. Et *Werther* représente avec *Clarisse Harlowe* et *La Nouvelle Héloïse*, selon l'heureuse formule d'Henri Coulet (I, 430), « la trilogie géniale du roman bourgeois européen ».

Mais l'Allemagne qui s'ouvre aux lettres européennes tout en développant une conscience nationale, historique et linguistique, voit apparaître une autre forme, contemporaine, de Werther, aux traits assez mal définis, promise à un avenir long et polymorphe : le *Bildungsroman*.

Le Bildungsroman : *forme ou thème ?*

La question renvoie à celle que posait le roman picaresque, à la fois forme et matière. Il se peut que le *Bildungsroman* ne se soit jamais vraiment sorti de ses origines universitaires. La notion ou la catégorie a été l'invention de Karl Morgenstern, professeur à l'université de Dorpat (actuellement Tartu, Estonie) dans les premières années du XIXᵉ siècle, qui se fondait principalement sur le *Wilhelm Meister* (1795-1796) de Goethe. La forme par excellence du roman est à ses yeux le roman de formation, celle du héros, mais aussi celle du lecteur, et l'on passe de la forme à la matière et à la fonction. Dans ces conditions, l'apprentissage est aussi un risque possible pour le roman, un ultime aspect de ce genre en crise : l'inflation du discours, des idées, voire de la thèse. Ce danger est pour les siècles suivants.

La catégorie a été réexaminée par W. Dilthey (*Das Erlebnis und die Dichtung*, 1906) qui l'a considérablement élargie : il y intègre d'autres textes de fiction allemands, comme les romans poétiques de Hölderlin (*Hyperion*, 1797), de Novalis (*Heinrich von Ofterdingen*, 1801), de Ludwig Tieck (*Les Voyages de Franz Sternbald/Franz Sternbalds Wanderungen*, 1798-1799), apologie du vagabondage mais aussi proche du roman d'artiste (*Kunstlerroman*). Ces textes confirmaient l'idée d'une pensée allemande s'attachant à l'épanouissement d'une personnalité, par la réflexion, le rêve, le voyage. On peut dès lors distinguer un roman pédagogique qui tend à l'introspection, au statisme narratif, aux discours ou aux épanchements lyriques, et un roman qui opte pour la déambulation et les épreuves.

Avant le roman de formation, le siècle a en effet connu nombre d'écrits pédagogiques qui ont emprunté, plus ou moins, des éléments romanesques ou des procédés de la fiction, du *Télémaque* à l'*Émile*, par exemple *Eusebio* (1786-1788) de l'Espagnol Pedro de Montengon, illustration assez large des idées de Rousseau, en passant par les robinsonnades (l'île déserte comme espace de formation) ou les adaptations de récits de voyages qui, comme l'on sait, forment la jeunesse, par exemple, l'un des derniers et des plus célèbres, *Les Voyages du jeune Anacharsis en Grèce* (1788) de l'abbé Barthélémy. On ne sera pas surpris de l'exploitation de la référence grecque, double : d'une part, la pensée, la réflexion philosophique, d'autre part, le modèle de la *Cyropédie*, remis au goût du jour par les *Voyages de Cyrus* (1727) de Ramsay et le *Sethos* (1731) de l'abbé Terrasson. C'est la Grèce qui est le cadre choisi par Hölderlin et, quelques décennies avant, par C. M. Wieland (1733-1813), pour son *Agathon* (1764). Le texte, influencé par les idées de Rousseau, montre l'évolution d'un esprit et l'épanouissement d'une subjectivité individuelle retracés par l'analyse des diverses phases qui font accéder à la conscience de soi et par diverses expériences philosophiques. Mais Wieland, qui a réfléchi sur le genre romanesque, admiré et assimilé le *Don Quichotte* (*Don Sylvio von Rosalva*, 1764), a recours à la fiction et il faut lire aussi *Agathon* comme l'apprentissage de techniques narratives et le traitement des rapports entre narrateur et personnage.

C'est Goethe avec ses Années d'apprentissage de *Wilhelm Meister/Wilhelm Meisters Lehrjahre* (1795-1796) et, plus tard, dans une moindre mesure, *Les Années de pèlerinage de W. Meister* (1821-1829), qui fournit le prototype et le modèle, y compris pour servir d'anti-modèle, comme c'est le cas chez Novalis. Le roman de Goethe porte les traces du projet primitif : la carrière théâtrale de Wilhelm Meister, ses amours avec l'actrice Marianne suivies de celles avec Mignon, actrice de la troupe de Melina qu'il se met à suivre. C'est ensuite la découverte de Shakespeare, la rencontre avec un autre homme de théâtre, Serlo, et surtout avec sa sœur, Aurélie, abandonnée par Lothaire. La « vocation théâtrale » se termine par la mort d'Aurélie. Dans la seconde partie, Wilhelm découvre dans le château de Lothaire la société des « Sages » qui surveillent l'éducation de ceux qu'ils ont choisis. Wilhelm y découvre aussi la femme désirée, Nathalie, qu'il finira par épouser. Il faut observer que chaque étape de la vie de Wilhelm est ponctuée par la rencontre d'une femme et, ajoutons-le, par de copieuses discussions, portant sur le théâtre, mais aussi sur des questions de morale et de philosophie. *Les Années de pèlerinage* (*Wanderjahre*) sont encore plus empreintes de préoccupations intellectuelles : c'est la « Province pédagogique » à laquelle Wilhelm confie son fils Felix, influencée par les idées du pédagogue suisse Pestalozzi. Ainsi, la suite du *Wilhelm Meister* montre bien vers où tend ce type de fiction : la révélation de vérités supérieures, une manière d'initiation. C'est évidemment conférer à l'aventure, élément déterminant du romanesque, une autre nature et une fonction. Ou bien le *Bildungsroman* est esthétiquement indéterminé ou bien il est idéologiquement trop bien défini dans ses objectifs, c'est-à-dire la façon de le lire. S'il manque de dimension romanesque et prive le lecteur de tout plaisir onirique, il risque fort de ne plus être lu comme un roman.

Passablement indéterminé, le *Bildungsroman* semble caractériser un imaginaire germanique. On pourrait citer, en élargissant encore les frontières du genre (ce qui a été fait) : *Henri le Vert/Der grüne Heinrich* (1854-1880) du Suisse Gottfried Keller (1819-1890), *La Montagne magique* (1922) de Thomas Mann ou *Le Tambour* (1959) de Günter Grass, présenté par le romancier comme un roman de « déséducation » (*Verbildungsroman*).

Fin du genre ? Elle était déjà consommée, pour d'autres, avec *Le Château* de Kafka. Mais la catégorie peut servir à la relecture (prudente) de certains romans où sont à l'œuvre les thématisations de l'éducation, de l'apprentissage, et aussi le ressort romanesque de l'échec (forme d'anti-*bildung*), On peut alors accueillir aussi bien les romans de Stendhal que *L'Adolescent* de Dostoïevski, *Illusions perdues* de Balzac que *Les Grandes Espérances* ou *David Copperfield* de Dickens, *Pendennis* de Thackeray ou *L'Éducation sentimentale* de Flaubert.

Débarrassé de sa gangue ou de son bagage idéologique propre aux Lumières (en contrôlant ou en assumant l'opération ou le contresens), le *Bildungsroman* fait aussitôt passer – ce qui n'est pas un mince mérite – aux grands romans réalistes. Il peut éclairer ces grandes trajectoires, typiques du XIXe siècle, où l'individu est confronté à la société, où il avance, non sans connaître les chagrins ou les épreuves : une étape nouvelle dans l'histoire du roman.

IV
RÉALISME ET ROMAN :
DE L'APOGÉE À LA CRISE

26 *Le roman historique : romantique ou réaliste ?*

Les principales littératures de l'Europe vont être traversées dans les premières décennies du XXe siècle par un phénomène littéraire et éditorial sans précédent : la diffusion par traductions, puis par imitations des romans de l'Écossais Walter Scott (1771-1832). En quoi ces romans qui se multiplient à partir de 1814 en exploitant le passé, souvent médiéval, peuvent-ils intéresser un mouvement littéraire, le Romantisme, qui se définit comme moderne dans ses conceptions esthétiques ? En quoi peuvent-ils être considérés aussi comme représentatifs de l'esthétique qui définit le siècle dans sa plus longue durée : le réalisme ?

On passera sur les occurrences de l'adjectif « romantique » qui renvoie à la nature sauvage, à l'effusion lyrique, sentimentale (les *lyrical ballads* avec lesquelles « naît » en 1798 le Romantisme anglais) pour retenir une littérature qui s'oppose au « classique » en tant que source et matière (modèles anciens, thèmes antiques). Elle apparaît, il est vrai, au XVIIIe siècle et se manifeste dès lors de deux manières. D'une part, l'exploitation d'un imaginaire gothique (le roman gothique, le *gothic novel*, d'où est sorti à certains égards le roman scottien) ; d'autre part, la revalorisation du Moyen Âge à laquelle vont se livrer les premiers « romantiques » allemands (les frères Schlegel en particulier) ou le Chateaubriand du *Génie du Christianisme* (1802).

Sur cet arrière-plan où une part importante de l'activité poétique semble se perdre dans le passé, les romans de W. Scott

s'inscrivent et offrent un nouveau traitement de la matière historique, un rapport nouveau au passé. Il ne s'agit plus de mettre en
scène de grands personnages de l'histoire, mais de promouvoir
sinon le peuple (c'est la lecture du marxiste G. Lukács dans son
Roman historique, 1936-1937), du moins des personnages secondaires grâce auxquels une époque peut revivre sous les yeux du
lecteur. Il faut évidemment prendre des distances avec G. Lukács
qui fait de Scott le continuateur du grand roman social et réaliste
du XVIIIe siècle, lequel, on s'en souvient, est presque introuvable
(voir question 23). Même prudence, lorsque Scott est montré
comme l'exemple type de « fausse conscience », incapable de par-
venir aux profondeurs de la vérité historique, à cause d'un conser-
vatisme politique évident. En revanche, il n'est pas faux de voir,
dans le héros type de Scott, un héros « moyen » qui s'oppose en
particulier aux héros aristocratiques antérieurs ou byroniens. En
résumé, on peut dire qu'avec le roman scottien la notion d'acteur
de l'histoire est mise en question. Les grands du moment sont là,
mais s'ils gouvernent ils ne sont plus dans le roman que des
comparses ou des figurants. Le roman est devenu l'espace de vie et
d'action de personnages qui, socialement, occupent une place de
second plan. C'est cette promotion qu'il faut saisir, sans la valoriser de façon trop radicale ou partisane.

   D'un point de vue poétique, les romans de W. Scott ont été
reçus comme des textes qui ont aboli les frontières entre les genres :
le roman est aussi comédie, tragédie, drame, poésie, épopée. Ils
vont donc dans le sens de l'esthétique romantique. Le roman scottien, il est vrai, innove en remplaçant un roman « narratif » par un
roman « dramatique » (Raimond, 1989 : 102), changement considérable qui rapproche le roman du drame et dont Balzac se souviendra. Par ailleurs, la reconstitution minutieuse, qui a été repro-
chée *a posteriori* à Scott, peut apparaître comme une forme de
réalisme appliqué au passé et non au présent, nécessaire à l'atmosphère dramatique. Il en va de même pour les dialogues et leur tension dramatique. Ils ne sont pas en effet, chez Scott, ce qu'ils
deviendront dans des imitations postérieures, en particulier dans le
feuilleton (voir question 28) : des pastiches linguistiques. Enfin, la
couleur locale, la restitution d'une atmosphère n'excluent pas un
contrat passé entre le narrateur et son lecteur dans lequel le premier impose vite un point de vue qui ne peut être qu'actuel, forçant

le second à reconsidérer les données et les arguments exposés par les différents protagonistes. On ne saurait, là encore, en dire autant de continuateurs qui mêleront les effets de conteur et la complicité avec le lecteur.

Il faut en effet compter avec les édulcorations, les passages aux clichés et à la convention que le roman historique, une des pâtures du feuilleton, a connus assez vite. Aussi, abstraction faite des excès et des effets d'usure, le roman de Scott, en ce début du XIXe siècle, va dans le sens d'une littérature « moderne » (cf. *Racine et Shakespeare* de Stendhal ou la *Préface de Cromwell* de Victor Hugo). En 1828, le critique Nisard, dans le *Journal des Débats*, peut faire l'éloge de Scott et dire qu'il est « le premier qui ait donné vogue à ce genre (le roman) en faisant des chefs-d'œuvre ». Le roman grâce à lui n'est plus « un genre bâtard ». Et d'enchaîner : « Le voilà de nos jours, élevé au rang de haute et franche littérature » (voir Chartier, 1990 : 105). Nisard ici semble retrouver face à Scott l'enthousiasme de Diderot devant Richardson : la promotion du roman comme genre littéraire à part entière, porteur de dynamisme et d'innovation est désormais acquise.

W. Scott, qui avait commencé par cultiver les formes poétiques traditionnelles (la ballade), publie anonymement en 1814 un roman écrit en 1805, *Waverley ou soixante ans plus tôt*, inaugurant la longue série des *Waverley novels* qui se prolongera jusqu'en 1827. Dans la préface de son premier roman, il expose sa théorie de la pierre qui roule : une fois l'action déclenchée, elle s'accomplit et devient de plus en plus rapide jusqu'à la chute finale, avec une attention particulière aux dénouements. L'alliance du romantisme et du réalisme s'exprime surtout dans la volonté de restituer la vie quotidienne, dans de nombreux tableaux ou scènes qui semblent prises sur le vif, L'histoire n'est pas traitée comme un décor : elle est le sujet même de chaque roman. Il n'y a pas idéalisation du passé. L'homme apparaît au service de l'histoire et la suite des romans montre aussi les transformations de la vie du peuple à travers une trentaine de romans.

Ils se répartissent en deux catégories : l'histoire plutôt récente, puis, à partir d'*Ivanhoé* (1820), une remontée dans les temps médiévaux (*Quentin Durward*, 1823) sans que les temps modernes soient oubliés. C'est cette seconde phase de production qui va faire l'objet d'imitations fréquentes et donner, dans de nombreux cas, les premières formes « modernes » du roman. C'est le cas de l'Italie avec *I promessi sposi/Les Fiancés* (1827) d'Alessandro Manzoni (1785-1873). Il peut être salué comme le premier roman italien. L'action se déroule au XVIIᵉ siècle, en Lombardie occupée par les Espagnols, et suit les tribulations d'un couple d'amoureux, Renzo et Lucia. Après de nombreuses péripéties, suscitées essentiellement par l'Espagnol Don Rodrigo, un hobereau de village, Renzo retrouve Lucia au lazaret de Milan en train de soigner des pestiférés : ils peuvent enfin se marier. L'œuvre devint aussitôt un modèle, mais les imitations n'ont eu pour elles que le nombre.

Autre cas de renaissance romanesque l'Espagne renoue avec le roman grâce à W. Scott, traduit et imité : *El doncel de Don Enrique el Doliente/Le Damoiseau de Henri le Dolent* (1834) de Larra, écrivain libéral de grand talent, *Sancho Saldaña* (1834) de José de Espronceda, *El señor de Bembibre* (1844) qui passe pour le roman le mieux réussi. Son auteur, Enrique Gil y Carrasco parvient, il est vrai, à nouer une intrigue médiévale (la chute de l'Ordre des Templiers en Castille) dans un cadre réel et comme actuel, sa région natale du Bierzo. Mais le roman historique, ici comme ailleurs, est victime de son succès dans les journaux et revues. Il faut dire qu'il diffuse aussi un esprit national et patriotique, ou qu'il participe à des campagnes d'opinion (défense du catholicisme avec *Las ruinas del convento* de Fernando Patxot – 1812-1859) qui connaît en 1862 une dixième édition. C'est en exploitant l'histoire nationale depuis le début du XIXᵉ siècle (et non plus les temps anciens) et en la traitant selon l'optique libérale (*Episodios nacionales*) que le jeune romancier Pérez Galdós fait ses débuts littéraires en 1870.

Au Portugal, deux écrivains de la première et de la seconde génération romantique illustrent le genre avec succès : Almeida Garrett (1799-1854) avec *O arco de Sant'Anna/L'Arc de Sainte-Anne* (1841-1844) et Alexandre Herculano (1810-1877) avec *O monge de Cister/Le Moine de Cîteaux* (1840-1848) et *Eurico o Presbitero/Le Prêtre Eurico* (1844), romans dans le goût moyenâgeux. À l'extrême fin du siècle, le romancier Eça de Queiros donnera dans *A ilustre casa de Ramires/L'Illustre famille des Ramires* (1897) une parodie caustique et savoureuse du genre.

On retiendra aussi le cas de la Russie avec *Tarass Boulba* (1835) de Gogol qui traite un épisode de la guerre entre Cosaques et Polonais et *La Fille du capitaine* (1836) de Pouchkine qui prend comme argument l'insurrection des Cosaques sous le règne de Catherine II. On pourrait poursuivre ce tour d'Europe et multiplier les noms (W. Alexis en Allemagne, H. Conscience dans la jeune Belgique avec son célèbre *Lion des Flandres* (1838), Van Lennep, le Scott hollandais et sa compatriote Mme Bosboom-Toussaint, les Polonais Bernatowicz et Rzewuski, le Danois Ingemann...). L'influence de Scott fut déterminante dans les deux Amériques, spécialement pour Fenimore Cooper (1789-1851), avec *Le Dernier des Mohicans* (1826) et la saga de *Bas-de-Cuir*. On le voit : le roman historique à la W. Scott a servi d'expression au sentiment patriotique et national et a accompagné l'émergence de jeunes littératures.

En France, les imitations ont été rapides et remarquées : *Cinq Mars* (1825) de Vigny, roman au service d'une méditation philosophique sur l'histoire (« l'histoire est un roman dont le peuple est l'auteur »), *Chronique du règne de Charles IX* (1829) de Mérimée, *Les Chouans* (1829) de Balzac, *Notre-Dame de Paris* (1831), épopée du peuple de Paris autour du personnage central : la cathédrale. Mais la manifestation la plus étonnante de la puissance du rayonnement de Scott est certainement l'influence déterminante qu'il a exercée sur Balzac, dans l'élaboration d'une nouvelle forme de roman.

27 La Comédie humaine : *épopée du réalisme ?*

Peut-être faut-il ne jamais oublier que le théâtre a durablement tenté Balzac (1799-1850), depuis un exécrable *Cromwell* (il avait vingt-et-un ans) jusqu'au *Faiseur*, contemporain du surgissement de cette architecture insensée, démesurée qu'est *La Comédie humaine*. Une première ébauche apparaît dans une lettre à Mme Hanska d'octobre 1834 (Chartier, 1990 : 112). Il y prévoit qu'en 1838 les trois parties d'une « œuvre gigantesque » seront en place. Les « études de mœurs » seront consacrées à « tous les effets sociaux » et l'ambition d'une représentation exhaustive de l'homme et de la société est clairement exprimée. Balzac donne à sa construction romanesque une base : « l'histoire sociale ». Après les effets, le romancier étudiera les « causes » : les « études philosophiques » entendent non plus parcourir la société, mais la « juger ». Enfin viendront les « études analytiques » qui s'attacheront à rechercher les « principes ». Et Balzac de résumer en ces termes son plan de travail : « Les mœurs sont le spectacle, les causes sont les coulisses et les machines. Les principes, c'est l'auteur. » Le roman devient, pour lui, le genre par lequel il peut inventer une nouvelle forme de littérature où il peut dire tout le réel sans rien inventer : « ce ne sont pas des faits imaginaires : ce sera ce qui se passe partout. » Il répète dans sa préface aux *Illusions perdues* (1837) : « Les écrivains n'inventent jamais rien [...] Chaque roman n'est qu'un chapitre du grand roman de la Société. »

Les idées de la lettre de 1834 sont reprises dans l'Avant-propos aux *Études philosophiques* et aux *Études de mœurs*, de décembre 1834 et d'avril 1835. Là, Balzac développe ce qu'il entend par histoire de la société et montre qu'il a assimilé à la fois Buffon et Scott. S'il compare les « espèces sociales » aux « espèces zoologiques », s'il entend faire une « histoire naturelle » de la société, il rappelle sa découverte de W. Scott qui l'a poussé à être l'historien de la société, à la décrire et à la comprendre, à en révéler les fondements et les principes de fonctionnement. Il dira encore dans la préface du *Cabinet des antiques* (1838) qu'il est « plus historien que romancier ». De fait, il est dans la recherche qu'il mène, avec et par le roman, tout autant philosophe qu'historien. Ce « philosophe » entend faire du roman un tout, un système. Et Balzac a déjà évoqué dans sa Préface à *La Peau de Chagrin* (1831) le « miroir concentrique » que l'écrivain a en lui « où, suivant sa fantaisie l'univers vient se réfléchir. » On ne saurait mieux marquer la différence avec Stendhal (Chartier, 1990 : 122) qui compare le roman à un « miroir promené le long d'un chemin ». Avec Balzac, le roman devient système, composition ordonnée : il avait déjà dit dans son introduction aux *Études de mœurs au XIXe siècle* qu'il lui fallait être Walter Scott « plus un architecte ». C'est cette architecture qui a pris le nom de « Comédie humaine ».

Sur cette scène romanesque à l'image du monde (il parle de *speculum mundi* dans son introduction aux *Études philosophiques*), il manque l'essentiel : l'acteur. Il l'appelle le « type » et en donne dans la préface à *Une Ténébreuse Affaire* (1842) la définition suivante : « Un type est un personnage qui résume en lui-même les traits caractéristiques de tous ceux qui lui ressemblent plus ou moins, il est leur modèle du genre. Aussi trouvera-t-on des points de contact entre ce type et beaucoup de personnages du temps présent ; mais, qu'il soit un de ces personnages, ce serait alors la condamnation de l'auteur, car son acteur ne serait plus une invention. » Balzac crée donc des types synthétiques, composés de personnages différents et crée ainsi un aspect fondamental de la « nature humaine ». Il multiplie chaque type et exploite son invention « géniale » de récurrence ou de retour des types dans ses romans. Avec le type, Balzac montre bien en quoi la copie du réel ne saurait en rien l'intéresser : il s'agit beaucoup plus de faire du vrai avec ce qui est ou paraît peu vraisemblable. On retrouve un principe esthétique proche du théâtre. Mais tout autant se trouve défini le travail du romancier : arracher au réel et au présent ce vraisemblable qui sera la matière romanesque. Le roman devient (préface des *Illusions perdues*) « la création moderne la plus immense ».

Au roman total, devenu totalité théâtralisée, dramatisée, correspond un romancier qui n'est plus observateur mais « visionnaire » : le mot est de Baudelaire. C'est peut-être la formule avec laquelle Hegel, dans son *Esthétique* (1835), définit le roman (« l'épopée bourgeoise moderne ») qui conviendrait le mieux pour rendre compte de la Comédie humaine où tout ce qui passe du réel à l'écrit devient par là-même intelligible et logique, Balzac observe pour ordonner et donner un sens au monde qu'il recrée. À quoi il faudrait ajouter les deux « vérités éternelles » qui ont guidé ce travail (Balzac les mentionne en 1842, date de naissance de la Comédie) : la Religion et la Monarchie. Mais c'est lui qui va montrer comment la Révolution française a libéré les forces économiques et morales, comment elle a permis l'ascension et l'avènement de la bourgeoisie, l'enrichissement des plus entreprenants. C'est Balzac qui montrera l'emprise toujours plus grande de l'argent et comment il s'est substitué, dans la société moderne, à l'antique destin. C'est lui qui montrera comment l'objet premier du travail de romancier, la description d'une société, se change en transcription d'un « mouvement » (le mot figure précisément dans l'avant-propos à *La Comédie humaine*).

De cette fresque immense se détachent des « créations » devenues des symboles ou des stéréotypes (Goriot, Gobseck, Vautrin, Birotteau, Rastignac...), des lieux de la capitale (la pension Vauquer) ou de la province (Tours, Saumur, Angoulême, la vallée de l'Indre) qui gardent « la poésie des sites » (*Le Lys dans la vallée*) et où l'extraordinaire va surgir du quotidien, du réel patiemment détaillé. Car il y a aussi, chez cet homme des vastes systèmes et des grandes dramaturgies, le culte, la passion du détail révélateur. Dès 1830, il écrivait : « L'auteur croit fermement que les détails constituent désormais le mérite des ouvrages improprement appelés romans » (*Scènes de la vie privée*).

Paradoxe : cet univers unique (en termes de poétique) va devenir modèle pour bien d'autres, en Europe en particulier : l'unique va se multiplier et servir le développement d'un roman européen dit réaliste. Balzac, et non point Stendhal, comme s'il restait victime du *happy few* pour lequel il prétendait écrire. Balzac, plus encore que Flaubert, beaucoup moins traduit et apprécié par un public plus restreint. Mais il est significatif que ni Stendhal ni Flaubert n'ont écrit de feuilletons ; ils n'ont pas pris une part à cette mode. Ce n'est pas le cas de Balzac, ni plus tard de Zola.

Quelle place accorder au roman-feuilleton ?

Le « feuilleton » désigne depuis le début du siècle l'espace réservé au bas du journal, le « rez-de-chaussée », servant à la chronique, à la critique littéraire, place de choix donnée à un courriériste en vue. C'est en 1836 que naît véritablement le « roman-feuilleton » (Queffélec, 1989 : 9). Il est l'invention d'un patron de la presse, Émile de Girardin. Celui-ci lance cette année-là le journal *La Presse*, ramène l'abonnement de 80 à 40 francs et se sert du roman comme « appât tendu » aux abonnés. Son ancien associé, Armand Dutacq, fait de même avec *Le Siècle*. Ils inaugurent tous deux l'ère de la « presse de masse » mais aussi une nouvelle forme de roman, découpé quotidiennement, destiné à un public mêlé, mais qui doit être populaire, si l'on pense à la stratégie de conquête des deux hommes. En trois ans les deux journaux triplèrent le nombre de leurs abonnés, mais en 1840 Sainte-Beuve pouvait parler, dans la *Revue des deux mondes*, de « littérature industrielle ».

Le feuilleton désigne donc avant tout un nouveau mode de publication et aussi un nouveau genre « littéraire » : le roman « par tranches quotidiennes ». Ce phénomène va toucher progressivement les pays d'Europe et aussi d'Amérique et favoriser l'essor de la presse. Le feuilleton est donc aussi un corpus de textes abondant, proliférant d'un pays à un autre, favorisant et multipliant, à l'occasion, les traductions et les adaptations. Enfin, le feuilleton, c'est une façon d'écrire, de concevoir des histoires romanesques en fonction de goûts plus ou moins définis du public. Une littérature moins de commande que de demande.

Au début, la presse s'est tournée de façon significative vers le roman historique : en France, c'est l'âge d'or d'Alexandre Dumas père (1802-1870) auquel il convient d'associer, pour la période de la Monarchie de Juillet, Paul Féval (1816-1887) qui fait ses débuts, et Frédéric Soulié (1800-1847), feuilletoniste à succès des *Débats*. Dumas triomphe à partir de 1844 avec *Le Comte de Monte-Cristo* et *Les Trois Mousquetaires*. Le premier est « à la fois roman de formation [...] un roman de critique sociale et politique [...] et un roman d'histoire contemporaine » (Queffélec, 1989 : 19). Et il est vrai de dire qu'Edmond Dantès a précisé, en France et à l'étranger, les traits du héros romantique.

Le roman de mœurs et d'aventures va être aussi exploité. Eugène Sue (1804-1857) connaît un succès énorme (*Les Mystères de Paris* (1842-1843) dans *Le journal des Débats*, et *Le juif errant* (1844-1845) dans *Le Constitutionnel*). On peut parler, pour le premier surtout, de phénomène d'opinion : on accusera Sue d'être en grande partie responsable de la Révolution de 1848 et d'avoir diffusé dans le peuple des idées subversives. Il n'est d'ailleurs pas entièrement faux de lire ainsi ce qui est d'abord « un roman d'aventures exotiques » (Queffélec, 1989 : 14) où les Apaches de Paris remplacent ceux d'Amérique. Plus important du point de vue de l'histoire littéraire : les deux romans de Dumas et de Sue ont connu d'innombrables rééditions et ils deviendront « la matrice d'innombrables récits postérieurs » (*ibid.* : 19). Précisons : en France et à l'étranger, pour ne pas dire le monde entier. Ajoutons que Balzac et George Sand écrivent dans le même temps pour la presse, avec des succès plutôt médiocres.

Un genre nouveau est né, ou plutôt un style. C'est un roman dramatique, et même mélodramatique, qui n'hésite pas à transposer

les effets du genre (rebondissements, coups de théâtre, reconnais-
sances, pathos…). C'est une sorte d'épopée narrant la geste d'un
héros hors du commun, inclassable, retrouvant l'alternance antique
de l'aventure et de l'amour, sans omettre la critique sociale et les
effets de l'humour et de l'ironie, jouant pleinement la complicité
du lecteur. L'écriture exige avant tout l'art de la « coupe », comme
l'on dit alors, l'écriture quotidienne du *suspense*, l'art des retours
en arrière et des contrepoints sur lesquels il faut appuyer pour
rafraîchir la mémoire du lecteur, des qualités de rapidité, d'efficacité dans la description comme dans les procédures de narration,
versant généreusement l'adverbe et l'adjectif, de préférence anté-
posé (la manière et l'attribut deviennent l'essence). C'est encore
l'art de créer des types distribués de façon de plus en plus manichéenne (Fleur de Marie, la Goualeuse, Le Chourineur, d'Arta-
gnan…). C'est, de façon efficace et perverse (dans ses présupposés
idéologiques), la volonté d'exposer moins les à-côtés que les des-
sous de l'Histoire, l'envers du décor, l'intention jamais dite et toujours présente de tout dévoiler, mais le plus tard possible. Il y a
dans le feuilleton une esthétique du spectaculaire, de l'hyperbolique,
du paroxystique, comme s'il s'agissait de provoquer, ou plutôt de
produire une vaste et régulière purgation des passions, moyennant
un prix de plus de plus modique.

À partir de la seconde moitié du siècle, la plupart des romanciers (de Dickens à Dostoïevski, sans oublier le Victor Hugo des
Misérables) vont, peu ou prou, travailler pour le feuilleton, y sacrifier, fournir des histoires à une presse de plus en plus envahissante.
La production va donc se spécialiser : roman historique qui connaît
encore du succès, roman social, roman rural ou rustique, roman
maritime… Des gloires vont se bâtir à partir de personnages :
Lagardère de Paul Féval, Rocambole de Ponson du Terrail (1829-
1871), qui peut aligner quatre-vingt-quatre romans entre 1850
et 1871… Et aussi Roger la Honte (1886-1887) de Jules Marie
(1851-1922), le créateur de la Société des gens de lettres, la « Por-
teuse de pain » (1884) de Xavier de Montépin (1824-1902), le
« Maître de forges » (1882) de Georges Ohnet (1847-1918), champion de la littérature ohnette… L'histoire garde encore ses presti-
ges avec les *Pardaillan* ou *Le Capitan* de Michel Zévaco (1860-
1918), l'épopée napoléonienne revue par Erckmann et Chatrian.
D'autres types sont venus : la fille-mère a remplacé la courtisane

(*Chaste et flétrie*, 1889) de Ch. Mérouvel, *Le Coureur de Bois* de Gustave Aimard qui faisait rêver Robert Desnos quand il ne portait pas aux nues Fantômas.

Le roman-feuilleton, le roman populaire n'a pas seulement à son actif des succès. Il a des actions plus profondes. Il participe à la remise en cause de la « haute » et « belle » littérature, il a sa part dans la crise du roman qui va se déclarer à la fin du siècle. De sa place de marginal dans le système littéraire, il brouille la hiérarchie des genres et tend peu à peu à se littérariser. Ce n'est pas sacrifier à une thèse cardinale du formalisme russe qu'on aura reconnue au passage. Enfin, comme mode de publication du roman (de popularisation ?), il a servi la diffusion des deux esthétiques qui ont eu le roman comme mode d'expression privilégiée : le réalisme et, en France à partir des années 1870, le naturalisme.

29. Du roman réaliste au roman naturaliste : quelles différences ?

On a eu l'occasion de voir qu'il semble difficile de définir le réalisme dans le roman, comme sans doute dans d'autres domaines de la création. Difficile, peut-être impossible et sans doute inutile. Bien sûr, le réalisme a pu être reconnu, avoir une existence officielle, comme en France, où il a plusieurs dates de naissance : 1855 (exposition du peintre Courbet intitulée « Le réalisme » sortie du manifeste « Du réalisme » dans la revue *L'Artiste*), 1856 (fondation de la revue *Réalisme*) et 1857 (sortie des essais de Jules-François-Félix Husson (1821-1889) dit Champfleury, intitulés *Le Réalisme*). On pourra identifier quelques romans dont les auteurs affichent une volonté d'illustrer certains principes, ceux-là mêmes exposés par Champfleury : l'observation du réel, la peinture des mœurs, la simplicité de style, l'exposition des faits, la sincérité mais aussi le sérieux et un idéal comme « être impersonnel ». Quant aux romans de mœurs de Champfleury, ils sont tombés dans l'oubli et les analyses les plus objectives y relèvent un manque de composition, une trop grande abondance de détails, un goût pour la caricature ou pour la sentimentalité.

Si la « recherche de l'exactitude », le « goût du vrai » (Raimond, 1989 : 45) peuvent définir un certain réalisme, alors c'est Stendhal qu'il faut invoquer et mettre en avant certaines de ces déclarations dont celle, étonnante par la date et le programme qu'elle annonce : « Il faut que l'imagination apprenne le droit de fer de la réalité » (4-I-1821). Cinquante ans plus tard, Zola reprendra le même principe. Si par réalisme il faut entendre l'histoire des mœurs, c'est vers Balzac qu'il faut se tourner : programme large, exaltant qui a pour lui beaucoup plus d'images romanesques que de principes. Si par réalisme, il faut entendre une approche littéraire qui, par métaphore, se veut aussi exacte que la science peut l'être, il faut invoquer l'histoire naturelle de Balzac, celle prônée par Flaubert (« l'histoire et l'histoire naturelle, voilà les deux muses de l'âge moderne » écrit-il à Louise Collet, 6-IV-1853) et celle que recommandera à son tour Zola. On se souviendra de la déclaration de Sainte-Beuve après la sortie de *Madame Bovary* (1857) : « Anatomistes et physiologistes, je vous retrouve partout. »

Si le réalisme est, au XIXᵉ siècle, à la fois partout et introuvable, il n'en va pas de même pour le naturalisme qui a fait l'objet de plusieurs écrits d'Émile Zola (1840-1902). Dès 1867, dans la préface à son roman *Thérèse Raquin*, roman à bien des égards programmatique (Sainte-Beuve pense d'ailleurs qu'il « peut faire époque » dans l'histoire du roman) et dans les articles qu'il a écrits pour défendre son roman, Zola met en avant son travail analytique (« l'analyse du mécanisme humain ») et le but scientifique qui est désormais le sien. Il met en exergue dans la première édition la phrase de Taine : « Le vice et la vertu sont des produits comme le vitriol et le sucre. » Le romancier doit avoir « la curiosité du savant ». Il a écrit, explique-t-il, un drame « physiologique ». C'est cet adjectif qui marque la nouveauté, voire la rupture introduite dans l'écriture du roman. Il précise qu'il a voulu étudier des « tempéraments », non des « caractères ». Thérèse et son amant, assassins de Camille, le mari, sont dominés par leurs nerfs et leur sang (mot important). La physiologie a remplacé l'antique destin : ils sont totalement déterminés dans leurs faits et gestes. Le romancier, quant à lui, est devenu un « expérimentateur » et non un observateur, encore moins un photographe.

Après avoir mis en chantier en 1868 le cycle des Rougon-Macquart (vingt romans de 1871 à 1893), Zola précise très vite ses positions esthétiques et idéologiques, en particulier dans *Le Roman expérimental* (1879) et *Les Romanciers naturalistes* (1880). La méthode expérimentale de Claude Bernard, l'hérédité (théorie du Dr Lucas), principe explicatif réaffirmé avec force dans le dernier roman des Rougon, *Le Docteur Pascal* (1893), l'influence du milieu (théorie positiviste de Taine), les théories évolutionnistes de Darwin vont être les bases scientifiques d'un nouveau monde romanesque. Le naturalisme est une méthode, au sens scientifique du terme. Lorsque Zola définit l'objet d'étude du romancier comme étant celui « du travail réciproque de la société sur l'individu et de l'individu sur la société », ou encore celui « de l'homme naturel, soumis aux lois physico-chimiques et déterminé par les influences du milieu », on voit comment il donne un contenu et une portée scientifique aux propositions de Balzac : le cycle des Rougon est une « histoire naturelle et sociale ». Le mythe de la science hante l'imaginaire de Zola et il y a chez lui un optimisme scientiste qui tient lieu de thèse générale pour toute l'œuvre. Le roman devient « la littérature de notre âge scientifique ». Et encore : les romans « d'observation et d'expérimentation » sont appelés à « remplacer » ceux « de pure imagination ». Dire que le naturalisme c'est le réalisme plus la science, ou plus le didactisme, n'est pas faux. Le naturalisme exploite systématiquement les trois axes du réalisme : le vrai qui devient scientifique, l'histoire des mœurs qui devient l'explication scientifique de l'évolution sociale, et la référence scientifique qui remplace, novation importante dans le contexte français, l'analyse des passions et du cœur humain. Mais ces propositions sont insuffisantes pour définir la poétique et l'imaginaire de Zola.

On a beaucoup insisté, depuis deux à trois décennies, sur le travail de composition de Zola. Ce romancier savant et enquêteur multipliait les fiches, les plans détaillés : les modalités de ce travail sont connues. Le texte de Zola a fait l'objet d'analyses narratologiques, structurales, sémiologiques qui ont porté sur le traitement du temps et de l'espace, sur le système des personnages (Henri Mitterrand, Philippe Hamon). Le souci de composition, la disposition des grands rôles, le traitement de l'action selon des principes théâtraux ou dramatiques sont des caractéristiques du roman zolien (Chevrel, 1982 : 66). Mais ils paraissent parfois n'être que le prolongement plus systématique de principes balzaciens. Il faut alors remarquer l'utilisation par la critique de la référence cinématographique pour montrer des jeux qui anticipent sur la technique du film (Mitterand) et rendre compte du rythme du roman (découpage, cadrage, déplacements de personnages...).

L'originalité du roman zolien est à chercher plus sûrement dans sa dimension mythique (Borie, 1971, Serres, 1975, Ripoll, 1981). Encore faut-il voir que cette originalité débouche sur une contradiction par rapport aux principes scientifiques énoncés. L'écriture du réel, sa description basculent dans ce que H. Mitterand appelle l'expressionnisme symbolique et mythique. Les éléments du réel parfois sont humanisés ou animalisés (la locomotive dans *La Bête humaine*, l'alambic dans *L'Assommoir*) ou mythifiés (la mine dans *Germinal* devient le labyrinthe du Minotaure). Les règnes (minéral, végétal) ou les éléments échangent leurs valeurs. Les images ou les références religieuses ou bibliques servent une narration laïcisée et profane, mais c'est aussi la mythologie qui offre la matière à des comparaisons et des amplifications (Lantier, dans *Germinal*, est Orphée, Prométhée et Jésus). Les images s'ordonnent selon un principe de circularité qui ramène, de comparaisons en associations, au mot premier, à l'image initiale.

Le naturalisme de Zola se transforme en une manière de symbolisme, esthétique qui, à la fin du siècle, va précisément combattre la prose de Zola, jugée matérialiste ou les thèmes tenus pour dégradants. Mais il faut aussi se rappeler que la fin de siècle voit se propager toutes les formes de discrédits jetés sur les sciences et plus sûrement sur le scientisme : ce mouvement de pensée n'épargne pas Zola. Le symbolisme particulier que Zola installe au cœur de son monde romanesque altère considérablement le travail premier de transcription et d'interprétation du réel; celui-ci change de nature et de fonction par la présence et l'action de perpétuelles métaphores. Si elles révèlent une indéniable capacité poétique chez le romancier, elles ne font cependant que souligner avec force et ingéniosité l'impossible écriture réaliste du réel et plus encore l'inutilité de son interprétation scientifique.

On dira, de façon plus positive, que le mythe sert à faire apparaître le mouvement de l'histoire (la préoccupation était déjà chez Balzac) et que l'appel au mythe, à la métaphore, aux correspondances transcende constamment la *mimesis* réaliste. Ce dépassement qui devient chez Zola un élément positif, novateur de sa poétique, permet de comprendre comment, en Europe occidentale, voire dans les Amériques, réalisme et naturalisme ont pu coexister comme modèles dans certaines littératures ; comment ils ont pu se succéder et se compléter ou alterner dans certaines œuvres romanesques.

 Le roman réaliste européen : quelles figures marquantes ?

Il s'agit d'identifier soit les héritiers du roman balzacien et du roman-feuilleton, soit des romanciers dont les œuvres peuvent se réclamer d'une esthétique réaliste pendant la période qui correspond à l'épanouissement de cette esthétique, entre 1830-1840 et 1885-1890. Mais que valent ces dates couramment admises ? On vient de voir que le réalisme existe (on peut le faire exister) avant Balzac. Plus grave : à partir de 1875 le naturalisme défini par Zola commence à être connu ; il précise les enjeux du réalisme et en même temps altère sa nature et sa portée. Le réalisme en Europe risque fort d'être, comme en France, partout et nulle part.

Dans son étude classique, déjà citée, E. Auerbach (1968 : 508) remarquait que la littérature française du XIXe siècle était « très en avance » sur d'autres pays européens « dans l'appréhension de la réalité contemporaine ». Il notait, dans le cas de l'Allemagne et de l'aire linguistique allemande (Autriche et Suisse), une vie « enracinée dans l'individuel, le particulier, la tradition ». Et il constatait : « Aucun des écrivains qui publient entre 1840 et 1890, de Jeremias Gotthelf à Theodor Fontane, ne montre ensemble et pleinement développés les traits majeurs du réalisme français, c'est-à-dire du réalisme européen en train de se constituer. » Il faut donc entrer dans la dernière décennie du siècle pour identifier un réalisme en littérature. Il le découvrait chez le « vieux Fontane », « dans ces derniers et beaux romans, ceux d'après 1890 ». Mais, compte tenu de cette date et des références critiques employées à l'époque, d'aucuns feront du dernier Fontane un exemple possible de naturalisme (voir question 31). Pour Auerbach, « le premier grand roman réaliste », celui qui « correspond par son niveau stylistique aux œuvres réalistes françaises du XIXe siècle » est publié en 1901 : *Les Buddenbrooks* de Th. Mann (1875-1955). Il faut cependant observer qu'à cette date le réalisme a été triplement remis en cause : par le naturalisme, par le roman russe (voir question 33) et par la crise symboliste qui en a découlé (voir question 35). Ce rapide parcours qui autorise à parler d'un réalisme presque introuvable en Allemagne, à moins d'altérer une chronologie d'inspiration quelque peu francocentriste, est intéressant, car il permet de constater qu'il en va à peu près de même pour l'Italie et que la Péninsule ibérique n'est pas aussi isolée ou originale qu'on aime à le croire.

Pour l'Italie, le nom d'Antonio Fogazzaro (1842-1911) est souvent avancé pour illustrer le réalisme qui définit le siècle. L'homme a connu le succès avec une trilogie : *Le Petit Monde d'autrefois* (1895), *Le Petit Monde moderne* (1901) et *Le Saint* (1905). Dates tardives qui marquent combien le genre romanesque s'implante mal en Italie ou donne des œuvres plutôt insignifiantes. Fogazzaro évoque de façon « vraie » sa province natale de Valsoda (il est né à Vicence), et son écriture croise alors un mouvement italien qui a pu apparaître comme une variante nationale du naturalisme : le vérisme (voir question 31). Mais il faut surtout remarquer que si Fogazzaro est « réaliste », c'est parce qu'il exprime les idées du public auquel il s'adresse : la bourgeoisie catholique libérale. Il lui offre un monde sans luttes sociales dans lequel il n'existe que des conflits psychologiques et surtout religieux. On a pu dire qu'il amenait ses personnages au bord du péché pour émouvoir et pour donner bonne conscience. Au mieux, l'expression de ces conflits spirituels a pu le rapprocher, par certains traits doloristes, d'un décadentisme fin de siècle. Très tôt d'ailleurs, dans *De l'Avenir du roman en Italie* (1872), il s'était montré opposé à toute esthétique participant du réalisme comme du naturalisme.

En 1860, le duc de Rivas, académicien, constate qu'il n'existe en Espagne que deux romans : social ou plutôt de mœurs et historique. Le premier offre des peintures blâmables parce qu'il procède d'un réalisme mal compris (W. Ayguals de Izco (1801-1875) influencé par Eugène Sue) ; le second s'essouffle tout en multipliant les tirages. Seule, Fernán Caballero (Cecilia Bölh de Faber, 1796-1877) trouve grâce à ses yeux avec *La gaviota/La Mouette* (1849), « roman original de mœurs espagnoles », alliant pittoresque andalou et moralisme, exception qui plane en effet au-dessus d'un désert ou d'un trop-plein romanesque.

En 1870, le jeune Benito Pérez Galdós (1843-1920) explique que les Espagnols sont trop « idéalistes » pour cultiver le roman : « nous préférons imaginer au lieu d'observer. » La remarque fait entrer au cœur du principe réaliste. De 1876 à 1880, Galdos publie quatre romans qui peuvent à bon droit passer pour réalistes et qui mettent en scène l'Espagne bourgeoise de la Restauration. Mais un premier tournant s'amorce en 1880, sous l'influence du naturalisme. *La desheredada/La Déshéritée*, par sa plongée dans les bas-fonds de Madrid, est interprétée comme une concession faite au roman « expérimental ». On pense à la « bas-fondmanie » dénoncée par Maupassant à la même époque. De fait, les grands romans que Galdos va multiplier sur plus d'une décennie participent d'une observation critique de la société (tendance balzacienne) sans exclure des avancées thématiques inspirées parfois par l'exemple de Zola. Ces ouvertures indéniables sur l'étranger ne sauraient faire oublier la présence active du modèle cervantin dans le style et le recours aux références espagnoles du XVIIᵉ siècle. Bien plus : à partir de 1890, le roman de Galdós se fait l'écho d'inquiétudes spirituelles qui culminent avec *Nazarin et Halma* (1895), révélatrices de la crise fin de siècle. Que Pérez Galdós ait pu traverser ainsi la seconde moitié du siècle, devenir dramaturge au XXᵉ, montre la fécondité du créateur et la complexité d'une œuvre qui n'occupe pas la place qu'elle mérite.

L'exemple achevé du réalisme, l'équilibre esthétique presque introuvable, serait peut-être *La Regenta* (1884) de Clarin (Leopoldo Alas, 1851-1901), critique littéraire qui connaît Zola et qui admire Flaubert : une sorte d'exception confirmant la règle. Dona Anna de Ozores est la jeune épouse de l'ex-régent du tribunal d'Oviedo (appelée significativement Vetusta), le vieux Vitorio Quintanar. La « régente » doit faire face aux avances d'un jeune vicaire ambitieux et d'un débauché, ami et confident du mari. Celui-ci tue lâchement le mari en duel. Doña Anna devient la cible de toutes les critiques d'une bourgeoisie provinciale décrite avec une sévère minutie. Le roman, très long, a quelque peu dérouté la critique. Récemment traduit en français, il peut légitimement apparaître, pour reprendre le jugement d'un des traducteurs et préfacier (Y. Lissorgues), comme « le monument des lettres espagnoles du XIXᵉ siècle ».

Le réalisme a encore quelques défenseurs plus ou moins talentueux : ils versent souvent dans le moralisme et le conformisme (Juan Valera, Armando Palacio Valdés et José María de Pereda). Une place à part serait à faire à Emilia Pardo Bazán (1851-1921), romancière, essayiste qui a joué un rôle actif, mais ponctuel, dans l'introduction du naturalisme en Espagne.

Au Portugal, le réalisme est associé à un mouvement de jeunes, « la Génération de 70 ». Ils organisent des conférences dites du Casino en 1871 qui seront interdites. Mais avant eux il conviendrait de citer un bel exemple d'écriture réaliste et feuilletonesque, très tournée vers la peinture de la vie locale, provinciale, Camilo Castelo Branco (1826-1890). Il a à son actif une centaine de volumes où il développe un sentimentalisme qui l'oppose au naturalisme et à un certain réalisme jugé par lui trop progressiste. Jose Maria Eça de Queiroz (1845-1900), l'un des représentants de la Génération de 70, a prononcé en 1871 la défense et illustration de l'esthétique nouvelle réaliste, associée à l'affirmation d'une politique et d'une morale nouvelles. Deux romans, *Le Crime du Père Amaro* (1875-1880) et *Le Cousin Basile* (1878), ne doivent pas faire penser à de simples imitations de Zola ni même de Balzac. Le second serait plutôt une version lisboète de *Madame Bovary*. Dans ce qui est considéré comme son chef-d'œuvre, *Os Maias/Les Maia* (1888), il retrace l'histoire d'une famille d'aristocrates sur trois générations, en développant une histoire d'inceste, longue et osée, entre demi-frère et demi-sœur. Il n'est pas faux de parler de réalisme et Eça, consul à Paris, n'ignore rien du mouvement naturaliste. Mais si le roman d'Eça continue à être interrogé de nos jours, c'est bien parce qu'il autorise à lire la subversion et le dépassement du réalisme par la caricature et l'absurde. Loin de se contenter de décrire un réel, il ne cesse de le questionner.

On pourrait poursuivre le tour d'Europe et enrichir la galerie réaliste. Par exemple, en se tournant vers la Russie où se constitue en quelques décennies une nouvelle littérature qui doit se déterminer par rapport aux modèles occidentaux. Il est significatif que Dostoïevski, à deux décennies de distance à peine, considère Gogol (1809-1852) comme le maître du réalisme russe : « Nous sommes tous sortis du *Manteau* de Gogol. » C'est l'opinion d'un romancier qui se définissait lui aussi comme réaliste. Mais peut-on parler de réalisme dans des textes où l'art de la caricature prédomine, où le fantastique côtoie le réel, où l'action débouche sur l'absurde, où le sens est constamment ajourné, où le lecteur est requis de construire sa lecture ?

En Russie, Gogol ; en Espagne, Cervantès : le réalisme dans le roman, c'est aussi l'affirmation d'une conscience nationale. Il faut cependant compter avec l'apport français qui associe Balzac et Zola, et toute la littérature française de l'époque, largement diffusée et traduite. Dans une large mesure, Balzac a fourni au roman européen des thèmes essentiels comme l'argent, l'ambition, la femme, la famille bourgeoise, la province. Il a aidé, dans bien des cas, à les isoler, à les voir et à les dire. Avec lui, avec la tradition qu'il fonde, se fixent quelques traits esthétiques fondamentaux du roman dit réaliste : le narrateur omniscient, la description changée en cadre, en décor de l'action, la focalisation zéro constante, l'omniprésence du réel comme référence d'écriture (les choses sont des signifiants déjà constitués). Le réel va être, toujours et partout, un déjà-là auquel manquera de plus en plus le démiurge que fut Balzac pour le dire et le recréer. Et plus le roman « réaliste » va se développer, plus il s'écartera du projet titanesque de Balzac pour n'être plus qu'une transcription appliquée du réel, oubliant que le réel est une donnée extra-littéraire et qu'il n'a jamais été une catégorie esthétique. Mais il faut aussitôt préciser que le roman balzacien doit une partie de sa force et de sa diffusion, pour le meilleur et pour le pire, au phénomène du feuilleton, de la presse. Il en va de même pour Zola. Son indéniable succès en traductions oblige à poser, comme pour Balzac, la question du rayonnement de sa poétique.

31 *Le roman naturaliste européen : quelles figures marquantes ?*

C'est la réception de ces deux noms, Balzac et Zola, qui compose après 1870 une vulgate « réaliste », une esthétique où réalisme et naturalisme se mêlent, s'épaulent ou se contredisent, à la disposition de littératures où le roman est encore un genre problématique, à construire. Il semble difficile, on l'aura compris, de discerner la naissance de romans naturalistes en dehors de ceux écrits par Zola. L'histoire littéraire propose des découpages et des définitions alors que l'examen des dernières décennies, dans ses créations romanesques, invite à la prudence : on vient de le voir. Quel serait le corpus d'un naturalisme européen ? Des éléments de réponse sont donnés (Chevrel, 1982). Ils peuvent être discutés. Pour l'Allemagne le premier nom serait celui de Theodor Fontane (1819-1898) qui devient romancier à cinquante-neuf ans. Deux romans pourraient être retenus : *L'Adultera* (1882) et surtout *Effi Briest* (1895). On se gardera bien de parler d'une *Madame Bovary* en Poméranie, même si l'idylle entre Effi, esseulée et déçue, et le commandant Von Krampas n'est pas sans éveiller quelque écho, de même que la présence d'un pharmacien qui renvoie au propre père du romancier. La connaissance effective, de l'œuvre de Zola par Fontane ne semble pas avoir été déterminante. La critique actuelle met l'accent sur l'art de la conversation qui oriente le roman vers une interrogation subtile et permanente de la société et de ses fondements. Les traces de l'esthétique naturaliste sont beaucoup plus évidentes dans *Katzensteg/Le Pont des chats* (1889) de Hermann Sudermann (1857-1928), encore que ce pont où Régine, la femme au grand cœur, s'élance et sauve de la mort Boleslas, menacé par ses paysans, acquière une puissance symbolique évidente, point de départ pour le héros d'une prise de conscience sur le Bien, le Mal, la nature humaine, sa grandeur et ses contraintes morales : du naturalisme au symbolisme, voire à l'Idée, le trajet ne doit pas surprendre. Enfin, le Suisse Conrad Ferdinand Meyer (1825-1898) est poète, nouvelliste et critique. On ne saurait minimiser son rôle. Romancier, il se montre très attiré par l'histoire. *Jürg Jenatsch/La Révolte dans la montagne* (1876) est une suite de tableaux sur l'histoire des Grisons. *Der Heilige/Le Saint* (1880) une méditation philosophique et religieuse à partir de Thomas Beckett.

L'Italie pose le « cas » du vérisme. Ce mouvement a pu être compris comme la forme prise dans la péninsule par la diffusion des idées positivistes et scientistes, après la réalisation de l'unité italienne et en réaction contre Manzoni et le réalisme qu'il a proposé avec le roman historique. Or, sur ce dernier point, il ne faudrait pas oublier le rôle joué par le mouvement de la Scapigliatura d'Emilio Praga, influencé par Murger, Nerval et Gautier, mouvement qui concerne plus la poésie ou l'essai que le roman. Luigi Capuana (1839-1915), sicilien, a été largement influencé par Balzac, Flaubert et la littérature française en général. L'influence de

Zola est identifiable dans *Giacinta* (1879) ou *Parfum* (1890) où il applique les principes de l'analyse scientique pour un cas d'hystérie. Le problème est plus complexe avec Giovanni Verga (1840-1922), sicilien lui aussi et ami de Capuana. Une première partie de son œuvre peut être considérée comme réaliste, dans la mesure où il présente des tableaux de mœurs, des crises morales qu'il situe dans la société aristocratique du Nord (*Éva*, 1873 ; *Éros*, 1875 ; *Tigre royal*, 1875). Avec *La Vie aux champs* (1880) il revient vers sa Sicile et fait entrer le monde rural dans le roman. Il conçoit un vaste cycle de cinq romans, intitulé *I Vinti/Les Vaincus*. Il entend y appliquer les principes d'une analyse scientifique, en particulier la théorie de l'évolution, l'étude sociale, pour transcrire ce qui ne sera que des faits humains, travail dans lequel l'artiste doit se garder de juger pour rester objectif. L'idée générale est de montrer l'échec de l'individu à la recherche sinon du bonheur du moins d'un mieux-être. Le premier roman, *Les Malavoglia*, histoire d'une famille de pêcheurs, paraît en 1881. L'insuccès du roman lui fait publier une version personnelle de *Madame Bovary*, *Le Mari d'Hélène* (1882). Il revient au cycle projeté avec *Maître Don Gesualdo* (1889), où il veut montrer la lutte pour la vie et l'ascension d'un maçon. Le troisième roman ne sera jamais achevé. Le vérisme sombre dans le pittoresque et le sentimentalisme des romans à succès de Matilde Serao (1856-1927).

D'une façon générale, il semble difficile et peu éclairant de parler de modèle naturaliste en Europe, même en Scandinavie où il a eu quelque prestige (voir question 34). on verra comment il a donné des essais intéressants en Amérique latine ou au Japon (voir question 47). Resterait le cas de l'Angleterre. Il faut accorder une place particulière à l'Irlandais George Moore (1852-1933). Une assez longue expérience parisienne lui a fait connaître entre 1873 et 1880 Zola, Balzac et Flaubert. Son roman *Esther Waters* (1894) a été très attaqué et l'on peut le considérer comme l'expression de cette esthétique où se mêlent réalisme et naturalisme. Mais Moore a aussi fréquenté les symbolistes et les « wagnériens » et son nom doit être associé aux recherches fin de siècle (voir question 35). On peut avancer également le nom de George Gissing (1857-1903), auteur de vingt romans sociaux où sont traités le thème de la misère (en particulier *Workers in the Dawn/Les Travailleurs de l'aube*, 1880), la condition féminine et l'anti-impérialisme (*The*

Crown of Life/La Couronne de la vie, 1899). Son œuvre semble en voie de réévaluation. Mais, encore maintenant, pour originale et respectable qu'elle soit, il semble bien que le roman anglais s'identifie à d'autres noms qui ont illustré un certain réalisme.

32 *Le roman victorien version anglaise du réalisme ?*

Le réalisme anglais doit fort peu à la littérature française. C'est le journalisme qui forme Charles Dickens (1812-1870) et qui explique un aspect important de son style : le ton enjoué, entre ironie et humour, et le goût du détail, du pittoresque. Dickens écrit des *sketches* (esquisses), des sortes de petits tableaux de mœurs, dans un ton plus enjoué que satirique, qui se retrouve dans les *Papiers du Pickwick Club* (1836). Ils valent à leur auteur (anonyme) un succès foudroyant. Dès 1837, il s'essaye au roman en donnant en livraison *Oliver Twist*. La grande période de production s'étend de 1838 (*Oliver Twist*, premier roman en volume et signé) à 1860 (*Les Grandes Espérances*). Le monde de Dickens est celui de l'enfance malheureuse, abandonnée (la situation que définit le mot *homelessness*), des simples et des pauvres. Souvent, la ligne générale du roman, en retraçant l'entrée dans la vie d'un jeune héros (*David Copperfield, Les Temps difficiles…*) paraît offrir des variantes du roman d'apprentissage et du roman picaresque. Dickens cultive ce que Jean Gattegno avait nommé d'une heureuse formule : « l'engagement affectif du lecteur ». Il sait alterner les épisodes émouvants (la mort de la petite Nell dans *Le Magasin d'antiquités*) et des scènes comiques, souvent très théâtrales où gesticulent des types plus dessinés qu'évoqués (Sarah Gamp dans *Martin Chuzzlewit*). Souvent le réalisme de Dickens est vrai comme peut l'être la caricature. C'est pourquoi il lui faut ajouter des notes ou des passages où puisse s'affirmer le sentimentalisme qu'attend son public privilégié, les classes moyennes des villes. On sera cependant attentif à l'évolution de ce réalisme dans le dernier roman achevé, *Notre Ami commun* (1864-1865). On y trouve l'éclatement du pittoresque en une galerie de personnages secondaires, l'influence de Wilkie Collins, l'ami intime, celui qui passe pour le père du roman policier (voir question 39); et surtout un symbolisme assez appuyé qui paraît bien être ici encore l'impasse ou l'issue de tout réalisme. Mais la richesse du roman « victorien » permet d'identifier d'autres variantes ou solutions au réalisme omniprésent. Par ordre chronologique, on commencera par la sensibilité romantique prolongée dans des thèmes proches du fantastique (*Jane Eyre*, 1847 de Charlotte Brontë, *Les Hauts de Hurlevent*, 1847 d'Emily Brontë). Avec Thackeray (1811-1863), le grand rival de Dickens, ce sont aussi l'humour et l'ironie venus du siècle précédent qui orientent la description spirituelle de la société contemporaine (*Le Livre des snobs*, 1846, *La Foire aux vanités*, 1848). Mais qu'on l'interroge, il déclarera lui aussi (lettre de 1851) que « l'art du roman est de représenter la nature, de communiquer le plus fortement que possible le sentiment de la réalité ». Avec Charles Reade (1814-1884), les contemporains ont cru avoir un successeur de Dickens : il est du côté des épigones, il reprend plus qu'il ne crée. Dramaturge, il a adapté *L'Assommoir* de Zola. Romancier, plutôt prolifique, il dénonce généreusement les abus sociaux.

L'atmosphère rurale, absente du monde de Dickens, est cultivée par la romancière George Eliot (1819-1880). Elle reconstitue, tout en multipliant les interventions et les réflexions morales, un monde de petits propriétaires terriens. *Le Moulin sur la Floss* (1860) met en scène les deux enfants du meunier Tulliver, Tom et Maggie, dont l'enfance est longuement évoquée. Après des péripéties financières compliquées et des problèmes moraux où Tom montre la haute et sévère conception qu'il se fait de son devoir moral, les deux personnages périront noyés, emportés par la rivière en crue, mais embrassés. Dans *Middlemarch* (1871-1872) qui porte comme sous-titre « Étude de la vie de province », elle crée le personnage de Dorothée Brooke qui évolue dans la petite ville de Middlemarch. Mariée une première fois, veuve, elle épousera son cousin, qu'elle aime, en dépit d'un testament qui l'a déshéritée. Face à ce couple heureux, un autre connaîtra l'échec. Autour des deux intrigues gravitent des personnages secondaires pittoresques, composant une galerie des types de la société rurale de la première moitié du siècle. On a sans doute ici, avec l'observation réaliste et morale, l'expression achevée du roman victorien.

Mais il faudrait aussi mentionner la voie de l'analyse psychologique et de l'intériorité avec Charles Meredith (*L'Égoïste*, 1879).

Le pessimisme proche du tragique de Thomas Hardy (*Tess d'Uber-ville*, 1891, *Jude l'Obscur*, 1894) a pu être considéré, chronologie aidant, comme un réalisme qui fait des concessions au naturalisme et surtout à l'immoralité (ce que la société du temps considère comme telle). Il est vrai qu'il faut bien mesurer l'originalité du personnage de Tess présenté comme le produit des conditions d'existence dans les villes modernes. On peut conclure avec la fré-nésie scripturale comme solution à l'aporie de la transcription du réel chez Anthony Trollope (1815-1882), l'homme qui produit mille mots à l'heure et cinquante-et-un titres...

Il ne faut d'ailleurs jamais oublier que ce roman réaliste ou mieux victorien est une sorte de produit industriel (Coustillas, 1978 : 70). Il est vendu (c'est W. Scott qui lance la pratique) en trois volumes pour la somme d'une guinée et demie (31 shillings et 6 pence), prix inchangé de 1821 à la fin du siècle (remarquable stabilité de la livre et du livre). Le *three-decker* ne sera attaqué que par l'esthétique (George Moore et d'autres) à partir de 1894. Autre miracle des chiffres : « À la génération de Meredith, Hardy et Gissing (voir question 31) succéda celle de Wells, Bennett et Conrad. Avec cinq ans d'avance sur le temps des pendules, le roman anglais du XXᵉ siècle était né. [...] Lorsqu'en 1900 paraît *Lord Jim* (de Conrad) le roman moderne est né, à la fois le dernier roman du XIXᵉ siècle et le premier grand roman du XXᵉ siècle » (Coustillas, 1978 : 72-73). Chronologie limpide, valable pour l'es-pace britannique où le réalisme et l'aventure auront encore de beaux jours. Mais le roman « continental » qui s'enrichit en cette fin de siècle de l'apport russe va connaître une existence plus com-pliquée.

33 Que faut-il entendre par « roman russe » ?

Il s'agit à la fois d'une invention et d'une réalité. L'invention est l'œuvre d'Eugène-Melchior de Vogüé (1848-1910), diplomate et critique, qui publie à Paris, en 1886, *Le Roman russe*, essai dans lequel, après des pages de caractère historique, sont présentés Gogol, Tourgueniev, Dostoïevski et Tolstoï. Mais les textes sur les écrivains avaient déjà été publiés dans la *Revue des Deux Mondes* l'année précédente. Cette liste montre que le romantique Mikhaïl Lermontov (1814-1841) a été oublié et qu'Ivan Gontcharov (1812-1891), père fondateur du roman, selon certains, avec son étonnant *Oblomov* (1859), est le grand perdant. Par ailleurs, de Vogüé a été quelque peu déconcerté par Gogol et par certains aspects de Dostoïevski, mais on doit reconnaître dans l'ensemble un effort d'information et de sympathie. Comme beaucoup de Français lettrés, il connaît l'œuvre de Tourgueniev, grand ami de la France, traduite dès 1858 pour *Récits d'un chasseur* et appréciée, comme ce fut le cas en 1877 pour *Terres vierges*. Il fait apparaître la structure complexe d'*Humiliés et offensés* et utilise, pour ce faire, une métaphore musicale ; les rapports musique et littérature vont devenir de plus en plus à la mode. Il est sans doute le premier à attirer l'attention du lecteur français sur la ressemblance entre Tolstoï et Stendhal et sait mettre en avant ce qui va devenir le problème du point de vue (Cadot, 1989). Ce texte est important car il va servir, comme d'autres, d'arguments contre la littérature réaliste et le naturalisme zolien, esthétiques en crise en France. L'ouvrage va s'inscrire dans le mouvement symboliste qui « naît » la même année.

On assiste en Russie depuis le milieu du siècle, à l'émergence d'une littérature romanesque qui va être reçue en Occident comme un tout où les différences comptent moins que la tendance esthétique dominante : un réalisme évident, mais enrichi par des analyses psychologiques qui avaient été quelque peu oubliées ou délaissées et par des idées philosophiques, des discussions, des enjeux métaphysiques, ce que l'époque appelle volontiers d'un mot avec majuscule, l'Idée. Si le naturalisme avait pu apparaître comme le réalisme plus la science, le roman russe apportait le réalisme plus les idées. Il ne pouvait qu'éveiller l'intérêt, voire l'enthousiasme. La vogue du roman russe s'explique par la nouveauté qu'il représente en France et en Europe occidentale par rapport à la norme réaliste dominante.

De façon durable, Dostoïevski (1821-1881) ouvre le roman à la réflexion philosophique. Il a lui-même avoué très tôt dans une lettre à son frère qu'il voulait se pencher sur le mystère qu'était l'homme (16-8-1839). Après s'être essayé à la traduction avec *Eugénie Grandet*, c'est par le roman social qu'il commence (*Les Pauvres Gens*, 1846), mais avec *La Logeuse* (1847) apparaît un des thèmes majeurs de son œuvre : l'être humain prisonnier de la faute commise. Mais Dostoïevski se défendra toujours d'être « psychologue » : « je suis réaliste au sens suprême de ce terme » (Cadot, 1989 : 79). Un texte relativement court, inclassable, au titre changeant selon les traductions, *Notes écrites dans le sous-sol* (ou *dans le souterrain*) (1864), marque une rupture dans l'œuvre et peut-être dans la littérature. Il s'agit d'une sorte de confession, une voix qui crie et qui invective, grinçante, souffrante, insupportable. C'est aussi la plongée dans le Mal, un des mouvements fondateurs du roman dostoïevskien.

Viennent alors les grandes œuvres : *Crime et châtiment* (1866), *L'Idiot* (1868-1869), *Les Démons* (1871-1872) et *Les Frères Karamazov* (1879-1880). La première est une sorte d'histoire policière et une tragédie sur une quinzaine de jours. C'est aussi l'épopée de l'orgueil qui se fait criminel, le dévoiement de l'intelligence, la grandeur émouvante de la compassion, de la pitié humaine, en la personne de Sonia, qui peut racheter le criminel. Le Prince Mychkine, l'Idiot, est construit à partir de la figure christique : il est avant tout Amour, mais il va provoquer le scandale et la catastrophe. Le roman est sorti de l'ébranlement provoqué par un tableau de Holbein où le Christ mort s'est changé pour Dostoïevski en une vision intolérable. Le romancier évolue rapidement vers un mysticisme slavophile, national. *Les Démons* constitue une anthologie de tous les dangers qui menacent la terre russe, parmi lesquels figurent les terrorismes, les doctrines extrémistes et l'athéisme. Roman-pamphlet, sans doute, mais aussi *catharsis* romanesque, à partir de personnages inoubliables : Kirilov, l'athée qui prouve sa liberté en se suicidant, Verkhovenski, le terroriste cynique, Stavroguine, le tragique lucide et déraciné, Chatov, le mystique russe qui sera sacrifié. L'interrogation sur le mystère qu'est l'homme s'achève avec *Les Frères Karamazov*. Chaque frère symbolise un problème existentiel fondamental, chacun est à sa manière coupable : Ivan, celui pour qui « tout est permis », Dimitri, déchiré entre le Bien et le Mal, Smerdiakov, le bâtard, figure de la maladie et du néant, et Aliocha, le pieux. On peut ici parler de roman métaphysique, reposant sur une répétition étonnante de figures ternaires. Mais, se détachant de cette accablante fresque, se dresse la figure effrayante du grand Inquisiteur, celui qui est prêt une fois de plus à condamner, à trahir le Christ.

La critique russe contemporaine, de M. Bakhtine à I. Lotman, a permis de mieux comprendre cet univers et a enrichi, comme l'on sait, la compréhension du roman comme genre. Le premier a mis en évidence la dimension mythologique du héros russe, ses fonctions salvatrices ou au contraire démoniaques. Le second, en dégageant les principes de la polyphonie et du dialogisme, a permis de comprendre un autre principe d'élaboration du roman dostoïevskien, lieu d'une quête qui passe par l'examen de tous les points de vue, de tous les êtres. Le héros dostoïevskien dialogue aussi avec lui-même, il est une conscience qui s'examine, qui s'interpelle et apostrophe autrui, à commencer par le lecteur. Mais on ne saurait oublier la dimension religieuse et nationale, le message messianique qui traverse le monde romanesque de Dostoïevski et qui trouve dans le *Discours sur Pouchkine* son expression définitive : « Notre vocation est européenne et universelle. Être russe, parfaitement Russe, c'est être frère de tous les hommes. »

Le message moral et religieux va trouver avec les romans de Tolstoï (1828-1910) une nouvelle tribune. Le « roman russe », en cette fin de siècle, a pu parfois s'identifier à l'image stéréotypée du prophète barbu, anarchiste inspiré, prêchant la non-violence et la pauvreté évangélique. Il faut revenir aux œuvres dans leur singularité. *Guerre et paix* (1863-1869) n'est pas à lire comme un roman historique, mais comme une méditation sur l'histoire qui prend une forme plus symphonique et cyclique que linéaire et romanesque. Tolstoï oppose à la conception volontariste de l'histoire le fatalisme de Koutousov. Dans cette épopée où l'esprit russe est le héros et la matière, où se mêlent le spiritualisme et la mystique de la terre-patrie, une conception de l'histoire se dessine qui oppose au flux des événements le cours d'une histoire plus profonde, celle du rythme de la nature et de la vie des hommes.

Anna Karénine (1873-1877) part, comme le fait volontiers Dostoïevski, d'un fait divers. Celui-ci s'amplifie et se transforme en une peinture de mœurs, un roman social et philosophique qui dépasse l'histoire d'un adultère pour installer la grande dualité des forces de la vie et de la mort. À quoi il faut ajouter, en la personne de Levine, un double du romancier, celui qui voit, dans l'épilogue, une possibilité de salut dans la religion telle que la vivent sa femme et un simple paysan. Ainsi apparaît la première formulation du « tolstoïsme ». On retiendra de la dernière période l'admirable récit, méditation sur la vie, la mort, la maladie, qu'est *La Mort d'Ivan Illitch* (1886). Le dernier roman, *Résurrection* (1899), souffre d'une intrigue plutôt conventionnelle et d'un excès de didactisme, de polémiques contre une société égoïste, et aussi de bons sentiments.

Mais qu'il s'agisse de philosophie ou de religion, la matière même du roman russe permet au public de la fin du siècle de se construire une nouvelle image du roman qui ne correspond plus à celle d'un document social. Le romancier n'est plus observateur, expérimentateur, il devient un témoin, au milieu de ses personnages. Le roman se fait recherche, somme réflexive et, par-delà la traversée du mal et du péché, aspiration à une libération de l'homme. Mais le contenu moral et religieux des romans de Tolstoï ne doit pas faire oublier des qualités d'écriture. Milan Kundera a rappelé que Tolstoï, dans *L'Histoire de la journée d'hier*, a utilisé pour la première fois dans l'histoire du roman un monologue intérieur « presque joycien » et qu'il s'en est servi « pour restituer le tissu subtil des impulsions fuyantes, des sensations passagères, des réflexions fragmentaires ».

Ainsi, la « naissance » du roman russe, contemporaine d'une crise du réalisme, ouvre à la poétique du roman une double perspective ; ou bien l'incorporation non de thèses ou de pans d'idéologie, mais d'une matière philosophique ou d'idées dans une narration qui, devenue espace de réflexions, ne peut qu'entrer dans une suite de crises formelles ; ou bien l'introspection, l'exploration et l'investigation intérieures. Ces deux possibilités seront tour à tour questionnées (voir questions 35 et 36). Mais, auparavant, il faut considérer le phénomène du « roman russe » comme une altération sensible de l'espace traditionnellement réservé au roman, soit le périmètre occidental. Or cette restructuration est contemporaine d'autres émergences, moins spectaculaires, de littératures plus « jeunes » ou moins « développées », en Europe ou ailleurs. Ce sont d'autres « entrées » dans le monde du roman qu'il faut signaler.

De nouveaux espaces pour le roman ?

On réservera pour plus tard une sorte de tour du monde qui permettra de saisir plus en détail les dialogues entre Occident et Orient. Il n'est cependant pas sans intérêt de noter dès à présent que le développement du roman russe est contemporain de l'entrée du Japon, sa culture et ses lettres, dans une phase de modernisation et d'ouverture à l'Occident (ère du Meiji, à partir de 1868) qui aura sur la prose et le roman d'importantes conséquences. Contemporain aussi de la *Nahda* (Renaissance, Éveil ou Redressement) en Égypte et au Proche-Orient, où les traductions, le développement de la presse, les voyages en Occident sont autant de données qui vont favoriser la « naissance » d'un roman nouveau. En ce dernier tiers du siècle, nombreux sont les exemples de « naissances » romanesques. On assiste souvent, en Orient, en Inde, à l'irruption d'un genre ignoré des systèmes littéraires qui importent ou reçoivent des textes venus d'Occident : un phénomène que les Amériques ont connu dans les premières décennies du siècle, voire avant (voir questions 19 et 24).

Lorsque Henry James (1843-1916) vient se fixer à Londres en 1875, le roman américain existe depuis un demi-siècle. Mais l'Europe connaît des États-Unis des nouvellistes (W. Irving, N. Hawthorne et surtout E. A. Poe, traduit par Baudelaire). Le second donne, avec *La Lettre écarlate* (1850) le premier roman psychologique américain. Certains ont pu considérer le texte comme une nouvelle allongée. Reprenons plutôt la formule de J. Cabau (1981 : 129) : « La Lettre écarlate est au roman américain ce que *La Princesse de Clèves* est au nôtre. » Pour l'Europe de la fin du XIXᵉ siècle, le genre romanesque n'est pas encore associé à l'image culturelle qu'elle a des États-Unis. Deux ou trois noms ont franchi l'Atlantique : James Fenimore Cooper (1789-1851), le Walter Scott américain, a été salué par Balzac et il a connu le succès, tout comme Mme Beecher-Stowe (1811-1896) pour *Uncle Tom's Cabin/La Case de l'Oncle Tom*, roman à succès sur l'esclavage. Autre roman à succès : *Les Aventures de Huckleberry Finn* (1885) de Mark Twain (1835-1910) qui sera un peu trop souvent assimilé à une œuvre pour la jeunesse, comme *Les Aventures de Tom Sawyer* (1876).

À cette liste, il manque, du point de vue d'un lecteur du
XXᵉ siècle, deux noms : Herman Melville (1819-1891) et Henry
James. C'est qu'en effet leur reconnaissance littéraire, même aux
États-Unis, ne se fera pas de leur vivant. Signalons que la traduction française de *Moby Dick* (1851) a été publiée en 1941 et il faut
souligner le rôle d'actif intermédiaire joué par Jean Giono (*Pour
saluer Melville*). Mais le public américain a fort mal reçu ce livre-
somme, ce faux roman maritime où la chasse à la baleine se transforme en aventure métaphysique. S'il faut s'embarquer dans le
roman maritime, mieux vaut Stevenson ou Conrad, et Jack Lon-
don pour le Grand Nord. Quant à Henry James, il est enfin reconnu
aux États-Unis lorsqu'il y retourne, en 1910. Mais on est loin de
lui pardonner certains portraits d'Américains. Ce qui avait pu
déconcerter est à présent interprété comme les éléments d'un univers poétique dont on reconnaît l'originalité, la complexité et la
modernité : dépassement et remise en question du réalisme, plongées dans l'inconscient, ambiguïtés du récit, tonalité et thématique
fantastiques, alliances entre l'art de la précision et la stratégie du
brouillage. Mais ces lectures, ces réévaluations sont relativement
récentes. Le roman américain ne sera vraiment découvert par
l'Europe qu'après 1920. Avec la « génération perdue » s'ouvre,
d'un point de vue européen, l'âge d'or du roman américain. C'est
l'Europe qui s'intéresse aux États-Unis et emprunte des modèles, et
non l'inverse. Ce renversement dans le dialogue américano-euro-
péen a son pendant en Amérique latine. L'Amérique hispanique a
pu parler du « retour des galions », mais ce phénomène fin de
siècle a surtout bénéficié à la poésie du *Modernismo*. Quant au
Brésil, il faudra attendre un autre *Modernismo* en 1922. Aussi le
grand romancier Joaquim Machado de Assis (1839-1908) reste
pour l'Europe un inconnu, jusqu'à une date très récente. Il a donné
pourtant à son pays un roman moderne (*Mémoires posthumes de
Bras Cubas*, 1880, *Quincas Borba*, 1891, *Dom Casmurro*, 1899).
Ce roman est lui aussi faussement réaliste, même s'il dépeint de
façon critique la société de son temps, et fortement intertextuel
(modèles français et anglais), mélangeant de façon savoureuse et
inquiétante l'ironie et l'humour.

Le succès du roman russe ne doit pas faire oublier les profondes transformations que connaissent la vie culturelle et les
littératures des pays scandinaves. La fameuse « percée moderne »

(1883), formule empruntée au titre de l'ouvrage du grand critique danois Georg Brandes (1842-1927), partie du Danemark, gagne bien vite la Norvège et la Suède. C'est par le théâtre que ces « jeunes » littératures se sont imposées. Mais il serait injuste d'ignorer une production romanesque riche et variée. En moins d'un demi-siècle, elle fait passer du réalisme et du naturalisme au décadentisme, d'une prose critique à des débats d'idées et des récits poétiques.

Avec les Norvégiens Jonas Lie (1833-1908) et Alexander Kielland (1849-1906) s'affirment une critique sociale et la dénonciation de la misère et des abus sociaux. Avec les dramaturges Ibsen et Björnson, ils constituent ce que l'on a appelé « les quatre grands » de la littérature norvégienne. Après quelques scandales (en 1884-1885) autour de romans naturalistes sur les milieux de la bohème et de la prostitution, *La Faim* (1890) de Knut Hamsun (1859-1952) ouvre la voie au roman moderne. Contestant l'autorité des quatre grands, influencé par les romanciers russes, déjà passablement individualiste, à la différence de ses aînés ouverts aux questions sociales, Hamsun dresse l'analyse des réactions physiologiques et psychologiques d'un homme affamé. Par la suite, il exaltera la nature et la vie des sens. Sa longévité lui vaudra le Nobel (1920), mais l'entraînera en 1940 dans une compromission avec l'occupant.

Les Danois Hermann Bang (1857-1912) et Henrik Pontoppidan (1857-1940, prix Nobel 1917) font du roman un lieu de combat ou de réflexions critiques. Le premier développe le thème de l'opposition entre l'amour et la sexualité. Il a été influencé par Maupassant et Paul Bourget, et aussi par Jonas Lie. Du point de vue technique, il introduit les procédés du théâtre dans le roman. Le second présente de vastes fresques de la vie contemporaine traversées par des débats d'idées, portant en particulier sur la liberté ou le déterminisme, question où affleure l'influence naturaliste.

En Suède, le mouvement dit « jeune Suède », dont Strinberg fut pendant un temps le chef de file, a été fortement influencé par les idées philosophiques (positivisme, utilitarisme), par les idées sociales et féministes et par le naturalisme. Pendant une dizaine d'années (1880-1890), des romans se font l'écho de ce bouillonnement idéologique et de l'engagement nécessaire. Mais Verner von Heidenstam (1859-1940, prix Nobel 1916) s'élève, dans le manifeste *Renaissance* (1889), contre les excès de la littérature naturaliste. La fin de siècle est marquée par l'influence du mouvement décadentiste, mais la tradition de la prose poétique s'affirme à nouveau. Hjalmar Söderberg (1869-1941), connaisseur de Maupassant et d'A. France, représente assez bien le premier courant. Ses romans de l'amour impossible, de l'hypocrisie sociale, mettent en scène un héros vulnérable et aboulique. Son premier roman, *Égarement* (1895) a été jugé scandaleux. Dans *La Jeunesse de Martin Blick* (1901) et dans *Le Jeu sérieux* (1912), il explore ce qu'il appelle les « mécanismes de la désillusion » tout en offrant une description critique des milieux de la capitale. La seconde tendance est illustrée par la romancière Selma Lagerlöf (1858-1940, prix Nobel 1909) qui inaugure un néo-romantisme. L'œuvre qui la rendra célèbre, *Le Merveilleux Voyage de Nils Holgerson à travers la Suède* (1906-1907), trop souvent réduit à une littérature pour la jeunesse, ne doit pas faire oublier une abondante production qui est consacrée au Värmland, sa terre natale.

On pourrait continuer à inspecter d'autres espaces et multiplier les noms. L'exercice confirmerait ce qui se dessine après la présentation de trois exemples. D'abord, le roman s'affirme, il gagne du terrain, du prestige. En se faisant l'écho des problèmes du temps ou en évoquant l'espace où il est né, il est synonyme de modernité. Mais il tend de plus en plus à remettre en cause la réalité qu'il prétend transcrire. Il participe ainsi aux révisions esthétiques et morales qui marquent la fin du siècle.

La fin de siècle : une crise nouvelle du roman ?

On se gardera d'ironiser sur les fins de siècle qui sont les époques rêvées pour les crises de tous ordres. Plus sérieusement, à s'en tenir à des questions formelles, on peut se demander s'il ne faut pas remonter plus haut dans le temps pour identifier des remises en cause du roman, de ses procédures narratives qui, dans la longue durée, rejoindraient la ligne de fractures identifiée de Cervantès à Sterne. Une tradition, pour ainsi dire, de la contestation (celle du roman par lui-même). Il s'agirait à présent de contester ce que le réalisme sous diverses formes a installé : l'autorité énonciative d'un narrateur tout-puissant, la réalité d'un réel objectif, posé devant le narrateur, lui faisant face. Un réel qui ferait que les mots seraient toujours seconds par rapport à ce réel ainsi promu et interprété.

Il faudrait donc un instant remonter à l'héritier le plus fidèle et le plus original de Sterne, Johann Paul Richter (1763-1825), alias Jean Paul qui, dans *Titan* (1803), donne un déroutant roman total, rassemblant les aventures innombrables que la vie d'Albano semble susciter, multiplier : une somme grandiose qui se construit et qui se défait, se dédouble, par la projection du narrateur, par le pacte rompu entre lui et le lecteur. De *Titan* on passerait au roman qui l'a pris pour modèle initial, Les *Pléiades* (1873) de Gobineau, texte méconnu, autre somme anthologique de toutes les manières d'écrire l'aventure et l'amour, roman et anti-roman.

Le cadre est posé pour inscrire l'aventure de Flaubert, le romancier dont l'œuvre a été profondément interrogée depuis un demi-siècle, et qui apparaît à présent comme l'initiateur d'une crise du roman qui est encore la nôtre. C'est d'abord parce que l'écriture a été le seul grand problème que Flaubert s'est posé à lui-même. Et il faut bien sûr, une fois de plus, citer l'une des phrases les plus provocantes, à partir de laquelle une autre histoire du roman peut s'écrire : « On me croit épris du réel tandis que je l'exècre ; car c'est par haine du réalisme que j'ai entrepris ce roman (*Madame Bovary*). Mais je ne déteste pas moins la fausse idéalité, dont nous sommes bernés par le temps qui court » (*Corr.*, II : 643). Les objectifs romanesques de Flaubert méritent d'être rappelés en quelques phrases : « Bien écrire le médiocre » (lettre à Louise Collet, 12-IX-1853). Et aussi, à propos de *Madame Bovary* : « j'aurai fait du réel écrit, ce qui est rare. » Écrire le réel, en effet, et non le décrire, encore moins en rendre compte. Et encore, l'obsession d'écrire un roman « sur rien » (lettre à L. Collet, 16-I-1852) qui donnera peut-être l'anti-roman par essence qu'est *Bouvard et Pécuchet*. Un texte que de Vogüé définissait justement comme « l'Iliade grotesque du nihilisme ». Mais ce livre sur rien n'a rien à voir avec un exercice de nouveau roman : il se tiendrait « de lui-même [...] par la force interne de son style ». Autant dire : l'idéal mallarméen du Livre. Depuis *Le Degré zéro de l'écriture*, on voit en Flaubert l'écrivain pour qui l'écriture classique a « éclaté » et qui a fait de la littérature une « problématique du langage ». L'idée est reprise par G. Genette (*Travail de Flaubert*, Paris, Éd. du Seuil, 1983) qui considère qu'avec Flaubert la littérature est devenue « foncièrement problématique ».

Le roman qui s'interroge sur ce qu'il est ou ce qu'il peut être prend, en cette fin de siècle, des formes diverses, mais il est une contestation double : celle de la primauté du monde matériel et celle de la narration « réaliste », la récusation de ce qui, tendant à un dire univoque, ne laisse aucun espace au moi du lecteur. On peut citer des contestations techniques : *À rebours* (1884) de Huysmans où l'on trouve ce que pourrait être la prose idéale selon la poétique de Mallarmé, (chap. XIV). Ou encore, du jeune Gide, *Paludes* (1896), satire anti-symboliste, autre livre sur rien. On peut songer aussi à des textes dont la thématique esthétisante ou décadentiste ne doit pas tromper : il s'agit d'explorer autre chose que le réel social. Et l'on pense à W. Pater, *Marius the Epicurian* (1885), à G. D'Annunzio. Ou à des textes qui remettent en cause l'illusion romanesque, *Le Portrait de Dorian Gray* (1891) d'Oscar Wilde ou *Evelyn Innes*, « roman wagnérien » de George Moore par lequel il explore la vie subconsciente. Le roman peut être une interrogation plus construite sur les limites du Moi, mais qui altère les procédures narratives : c'est Barrès qui veut un roman métaphysique, ce sont ces romans de la « recherche » de R. de Gourmont, *Monsieur Teste* de P. Valéry, première ébauche d'un « roman d'un cerveau ». Ce sont aussi les premiers romans de la jeune génération de 98 en Espagne, en crise morale : Unamuno, le Baroja de *Camino de perfección* (1902), Azorín dont les textes sont justement relus comme autant d'exercices qui le rapprochent des procédés du « nouveau » roman.

Ces textes (il y en a d'autres) montrent que l'expérimentation est à l'ordre du jour et que l'enquête ouverte par Jules Huret en 1891 sur l'évolution littéraire n'intéresse pas seulement la France. C'est cependant là qu'il faut rester pour trouver une expérimentation romanesque, passée relativement inaperçue, mais significative pourtant de la volonté de rompre avec un certain réalisme.

Le monologue intérieur : une solution pour le siècle suivant ?

En 1887, Édouard Dujardin (1861-1949), fondateur de la *Revue wagnérienne* (en 1885), puis de la *Revue indépendante*, publie dans celle-ci, en quatre feuilletons, un roman, son premier et unique roman, *Les lauriers sont coupés*. L'année suivante, il le fait sortir en volume à la librairie de la revue. Tiré à 420 exemplaires, il n'a été remarqué que par l'entourage de l'auteur. Mallarmé, admiré par Dujardin à l'égal de Wagner, s'est montré réservé, et Huysmans perplexe. Un autre lecteur s'est montré intéressé, le romancier irlandais, George Moore qui fréquente à Paris les Symbolistes et les Wagnériens. En 1897 le roman a eu une nouvelle édition corrigée au Mercure de France, et en 1903 un acheteur, un certain James Joyce, qui avait retenu le nom de l'auteur, signalé par son compatriote George Moore. Après la sortie de son roman *Ulysse* (Paris, 1922, édité par la Shakespeare and Co d'Adrienne Monnier), qui intéresse quelques lettrés dont Valery Larbaud, Joyce attire l'attention de ce dernier sur le nom de Dujardin, précurseur des innovations que Larbaud voit en Joyce, et véritable inventeur du « monologue intérieur » que Larbaud attribue à Joyce. En 1923, Larbaud qui a lu, sur les conseils de Joyce, *Les lauriers sont coupés*, dédie, pour réparer ce qu'il tient pour une « erreur », *Mon plus secret conseil* à Dujardin. Quelques années plus tard, après des conférences sur cette forme nouvelle à laquelle les milieux littéraires s'intéressent, Dujardin publie un essai, *Le Monologue intérieur* (1931).

L'expression « milieux littéraires » peut, dans le cas présent, être précisée. Au Havre, un jeune professeur de philosophie, Jean-Paul Sartre, donne chaque mois des conférences ou plutôt des « causeries » à la Lyre havraise. L'une d'elles est consacrée au « monologue intérieur ». Sartre part de l'ouvrage de Dujardin, mais il s'interroge aussitôt : pourquoi 1887 et pas 1870 ou 1900 ? Il rattache alors cette « technique » à « l'épanouissement du mouvement symboliste ». Celui-ci se définit par son « culte de la vie intérieure » et aussi par sa découverte de l'inconscient. C'est pour Sartre l'occasion de réfléchir sur cette donnée nouvelle qu'il définit en ces termes : « monde ignoré, inexploré, l'inconscient, grande vague, dont la conscience n'est que l'écume ». Mais il souligne aussi

« l'influence wagnérienne de l'œuvre d'art totale » pour montrer comment « ce procédé, issu d'un courant d'idées nettement idéaliste, passe aux mains des néo-réalistes anglais, se stylise et s'enrichit ». Au début, le procédé, « limité à nous découvrir une conscience, finit par intégrer l'univers entier pour servir les fins d'un réalisme absolu » (Cohen Solal, 1985 : 187). Sartre a répondu, mieux que nous ne pourrions le faire, à la question posée.

Quelques mots cependant sur ce « premier » roman. Il est court, et bien entendu c'est un récit à la première personne de la soirée d'un jeune homme. Celui-ci dîne, avenue de l'Opéra, avant d'aller rejoindre pour un tour aux Champs Élysées l'actrice qu'il courtise. Il fait des projets et la rencontre avec la belle tourne court : les lauriers sont coupés. Roman-monologue, le texte est en fait un discours non prononcé par lequel le personnage exprimerait sa pensée la plus intime. Mais, comme il a été déjà remarqué, le texte offre ce qui parvient à la conscience du héros, de même que des dialogues et des indications topographiques, des descriptions. Il est vrai de dire (Cannone, 1992 : 10) que ce « roman de quelques heures » aurait pu faire « l'objet d'une nouvelle naturaliste où l'on aurait vu la soirée parisienne d'un jeune benêt, à la poursuite d'une des versions de la fameuse Coquette-qui-se-refuse-et-qui-le-ruine ». Et il importe de distinguer, à la suite des travaux de G. Genette (1972 : 193), le monologue intérieur comme technique narrative et comme genre narratif ou encore (Cohn, 1981 : 32) le monologue intérieur rapporté et l'autonome, le « soliloque ». Dans son essai de 1931, Dujardin envisage une possibilité de monologue intérieur fort proche du discours indirect libre. Ailleurs, ce monologue ressemble au « discours vécu » à l'*erlebte Rede*, ce qui nous ramène à Dostoïevski et Tolstoï.

Plus précisément, P.-L. Rey (1992 : 102), prenant quelques phrases (« Sur le divan elle se met » ou encore « Illuminé, rouge, doré, le café »), a démonté le principe d'écriture en ces termes : « Dujardin postpose non ce qui est chronologiquement postérieur dans l'ordre de la pensée, mais ce qui n'a pas de raison d'affleurer à la conscience sous une forme constituée, et que l'intelligence du texte réclame pourtant. Abandonnant une convention pour une autre, il n'est pas sûr qu'il ait amélioré l'effet de réel du monologue intérieur. » On a pu relever aussi l'exploitation généralisée de la parataxe, l'absence systématique de coordination, une sorte de syntaxe minimale mimant la spontanéité, la juxtaposition, le « pointillisme » stylistique qui s'exprime à la même époque avec l'impressionnisme.

Si l'on essaye de sortir de l'examen technique de l'écriture, il faut considérer que ce roman postule l'impossibilité ou l'inutilité de la connaissance du monde extérieur, une nécessaire réduction du champ de la connaissance au moi dont on ne peut que suivre les états successifs. Le roman peut bien continuer, comme la littérature en général, « à s'affairer à représenter quelque chose. Quoi ? je dirais brutalement le réel » (Barthes, 1978 : 21). Il y a désormais un champ de la conscience qui a été aussi identifié, singulièrement depuis Dostoïevski, comme travail, thème romanesques. Et ce champ de la conscience s'adresse à la conscience du lecteur, créant de nouveaux rapports de lecture, peut-être, à terme, une nouvelle façon de concevoir l'écriture.

Ainsi, du petit texte d'une rumination mentale nous sommes renvoyés à cet autre qui parle, qui fait parler sa conscience, l'homme du sous-sol de Dostoïevski : les tonalités, les enjeux sont totalement opposés, mais l'idée d'emplir le texte du roman d'un seul et long monologue est la même.

En cette fin de siècle, le roman s'est engagé sur la voie de la descente dans le moi. Même si cette descente n'oublie pas totalement ce que Hegel a bien nommé (*Esthétique*, IV) « le conflit entre la poésie du cœur et la prose des circonstances » (n'est-ce pas Proust ?), la voie est désormais tracée. Le romancier E. Sábato (*L'Écrivain et ses fantômes*) l'a identifié justement comme la caractéristique essentielle qui regroupe des romanciers tels que Joyce, V. Woolf, Proust, Kafka... Un nouvel âge du roman.

V

ROMANS DE NOTRE SIÈCLE

Romans modernes ou classiques du XXᵉ siècle?

Comment les définir? Ils défient tout regroupement, tant la singularité de chacun est grande. Qui sont-ils? Six titres sont souvent proposés : *À la recherche du temps perdu* (1913-1927) de Marcel Proust (1871-1922), *Ulysse* (1922) de James Joyce (1882-1941), *La Conscience de Zeno* (1923) d'Italo Svevo (1861-1928), *La Montagne magique* (1924) de Thomas Mann (1875-1955), *Le Bruit et la fureur* (1929) de William Faulkner (1897-1962), *L'Homme sans qualités* (1930-1933) de Robert Musil (1880-1942). À quoi s'ajoutent, en général, les noms de Franz Kafka (1883-1924) pour ses récits (1912-1922) (essentiellement *La Métamorphose, Le Procès, Le Château*) et de Virginia Woolf (1882-1941), avec *Mrs Dalloway* (1925), *La Promenade au phare* (1927) et *Les Vagues* (1931).

Ils sont nos classiques. Peut-être faudrait-il parler d'une première génération, pour ne pas être injuste avec d'autres (H. Broch, J. Roth, Céline, Hemingway). Pourquoi classiques? Nés au XIXᵉ siècle, les créateurs de ces « sommes » apparaissent comme les successeurs des géants de l'âge d'or du roman (Balzac, Dickens, Dostoïevski). Non point qu'ils en soient les héritiers : ils s'opposent tous, à des titres divers, à l'esthétique dominante, le réalisme. Témoins du siècle passé par une atmosphère, des personnages pris non dans un décor mais dans un contexte, ils se signalent par leurs innovations techniques (composition, conduite de la narration, style). Ils attestent « l'ample renaissance du roman qui se manifeste

[...] au lendemain de la première guerre mondiale » (Zéraffa, 1972 : 6). Ils inaugurent notre modernité, mais le siècle qui les a vu naître a nourri leur imaginaire. Ils sont, d'un siècle à l'autre, des passeurs.

Tous remettent en cause, à des degrés divers, les principes organisateurs de la fiction traditionnelle. On a pu parler, avec Proust, d'un roman sans romanesque : la définition vaut pour tous les autres. Les notions d'événement, d'obstacles, de rencontres ont changé de sens et avec elles tout ce qui faisait la dramatisation, la conception dynamique d'une action. Le temps et l'espace sont devenus problématiques, au lieu d'être des cadres ou des éléments d'explication : ils se sont fragmentés et le plus souvent intériorisés. La notion de personnage a été remise en question : il n'y a plus désormais dans ces univers de héros ou d'acteurs. Il y a des types et des caricatures, ou des personnages dont l'existence est subordonnée à un narrateur, prise en charge par un récit, des discours, des regards, des points de vue partiels. C'est le cas de Zeno Cosini rédigeant son journal, d'Albertine, d'Ulrich, l'homme sans qualité, des voix de V. Woolf ou de Faulkner.

Ce romanesque nouveau est donc « l'expression d'une vie subjective d'une conscience [...] qui s'oppose à l'objectivité qui lui était assurée au siècle dernier par le travail littéraire sur la condition sociologique de l'homme » (*ibid.* : 7). Il est en effet possible de mettre en parallèle le courant de conscience (*stream of consciousness*) qui suit la marche et la pensée de Mrs Dalloway, les monologues intérieurs de V. Woolf (six dans *Les Vagues*, tournant autour du personnage de Perceval), ceux des trois frères qui se relaient et s'opposent à la version du narrateur dans *Le Bruit et la fureur*, le roman cérébral qu'est *La Conscience de Zeno*, où se lit la dette à la psychanalyse et les plongées introspectives, le patient et grandiose travail de la mémoire qu'est la *Recherche*. *Ulysse* est bien aussi l'épopée subjective d'un petit employé, Leopold Blum, prodigieusement étirée sur une seule journée (16 juin 1904). Et le grand roman de l'enfermement (lieu clos du sanatorium) qu'est *La Montagne magique* est aussi celui de la conscience réflexive, mais prioritairement discursive.

Ce serait alors par le biais de la réflexion sur le temps comme thème structurant qu'il faudrait reprendre la lecture. Ces romans ont comme perspective poétique commune celle de créer un temps propre, soit par la voie de l'intériorisation, soit par celle d'une construction concertée, proche d'une conception musicale du texte. Auerbach (1968 : 530) a pu parler de « stratification temporelle » comme procédé de composition chez Joyce et V. Woolf. Proust a retenu, de Balzac et de Wagner, la force et la beauté que donnent le cycle romanesque ou musical, la construction d'un monde total, rival du monde réel. On a pu parler également de conception symphonique chez Mann. Si l'image du cycle est très active dans la poétique du texte de Joyce, marqué par les idées de Vico et sa théorie de l'éternel retour, l'œuvre de Musil est de façon significative fondée sur des dédoublements (l'Action parallèle, les couples de personnages) qui aboutissent à un questionnement, voire à une mise en question de l'action. Cet « essai de roman », comme l'a défini son traducteur, Philippe Jaccottet, est alors comparable à l'« espèce de roman », mots dont se sert Proust pour qualifier son œuvre.

L'œuvre de Musil est inachevée. C'est cette caractéristique formelle qui permet à I. Calvino (*Leçons américaines*, 1989 : 177-183) de la mettre en parallèle avec celle de C. E. Gadda (1893-1973), mais aussi avec la *Recherche*, pour un non-fini « de l'intérieur ». Leur caractère encyclopédique, qu'elles partagent avec *La Montagne magique*, *Ulysse* et... *Bouvard et Pécuchet*, en font, avec Borges et Perec, des modèles d'« hyper-roman » le « roman comme grand réseau », illustrant la « multiplicité » que Calvino considère comme une des qualités spécifiques que le roman doit garder... pour le troisième millénaire.

Les œuvres de Joyce, Proust, Mann, Musil répondent en effet à la conception dialogique, voire polyphonique du roman, espace de réflexions, de discussions, d'examens de questions artistiques, morales, philosophiques. À des titres divers, elles rendent compte d'un monde, de ses idées, de ses pratiques, des conduites humaines, souvent avec ironie : ton de prédilection de Mann, regard du narrateur proustien, fantaisie verbale et utilisation des épisodes homériques comme intertextes chez Joyce (enterrement/Elpénor, imprimerie/Éole, cocher/Eumée), attitude de l'homme « sans caractère propre » qui s'oppose aux hommes « à qualités ».

De Proust à Musil, à Faulkner et à Kafka, l'interrogation sur le sens est de plus en plus appuyée. Elle est constante chez Proust, mais elle disparaît lorsqu'il s'agit de la conception globale de l'œuvre, victoire sur le temps par la seule force de l'écriture. Celle-ci, au contraire, ajourne sans cesse le sens, qu'il s'agisse de Musil et de Kafka. Mann, de son côté, écrit un moment de roman de formation culturelle : on retrouve en partie la marque du modèle goethéen, mais subvertie. Sans sortir du sanatorium, Hans Castorp entre en effet en contact avec les principaux courants de la pensée contemporaine (humanisme de Settembrini, fanatisme inquiétant de Naphta, puissance vitale de Peeperkorn), mais l'annonce de la guerre vient arrêter et remettre en cause l'apprentissage.

Aussi, dans ces textes tournés vers l'intérieur, la réalité n'est pas immédiatement ni totalement intelligible. Avec Kafka se marque, de façon irrémédiable, l'hiatus entre la logique sociale du réel et une subjectivité qui ne pourra jamais la comprendre, situation absurde pour beaucoup, non dénuée de grotesque pour certains. L'écriture de Kafka procède des personnages, de leur perspective : aussi le lecteur subit-il leurs hantises et leurs obsessions, pris au piège de leur logique. Avec Kafka et Musil est inscrite dans les textes l'impossibilité, voire l'inutilité de comprendre le monde et l'histoire. Tout se passe comme si, de Joyce ou de Proust à Kafka, Faulkner et Musil, l'exigence, interne à l'œuvre, de totalisation, de passage du chaos à l'ordonnance poétique s'était altérée. Même chez Mann, la prise de conscience de l'artificialité du temps ne débouche pas sur une remise en cause de l'être ou de la logique du monde : la guerre en fait, malheureusement, partie, thème important pour un écrivain humaniste. La guerre est aussi en toile de fond du roman de Svevo : elle alourdit le climat dans lequel se clôt le roman et lui donne un sens, au même titre que dans la *Recherche* le temps « retrouvé ».

On relèvera dans ces textes une attention minutieuse à un certain réel. Celui-ci n'est à aucun moment oublié ou nié. Le réalisme de Kafka aboutit à l'absurde qui caractérise sa vision du monde. On ne saurait négliger la dimension de chronique sociale du mémorialiste qu'est Proust, l'attitude de chroniqueur de la Cacanie qu'est Musil, le parti pris d'observateur qui persiste chez V. Woolf, les oppressants effets de réel chez Faulkner. Mais le réel référentiel n'est pas une priorité poétique de ces écrivains. C'est leur originalité, leur modernité par rapport à tant d'autres, comme on va le voir (voir question 38) qui reconduisent ou adaptent les principes de l'esthétique réaliste.

Ce qui pourrait en définitive réunir ces textes, c'est la croyance, on voudrait dire la foi, en la littérature : il n'y a même qu'elle qui compte pour Kafka. Aussi les œuvres que le temps a retenues sont celles qui ont retenu le temps, fait de mots, des instants d'éternité, *between the acts*, dirait V. Woolf, d'éphémères « épiphanies » chères à Joyce. L'expérimentation, la remise en cause de l'intérieur ne sauraient affecter le projet global. L'existence d'une totalité poétique, sinon au terme, du moins à l'origine de l'écriture, fait de ces textes des romans de la modernité. La totalité perdue sera réservée à la postmodernité. On peut parler ici de formes romanesques qui abolissent d'anciennes procédures, mais en instaurent, en fondent d'autres. Ces œuvres demeurent, poétiquement, des aventures spirituelles. Elles sont et classiques et caractéristiques, à nos yeux, de la modernité en tant qu'adhésion plénière à un projet poétique qui porte en lui son sens et sa légitimité.

38 Le réalisme : *comment y rester et en sortir ?*

Plus que jamais le réalisme semble triompher en ce siècle. Il se confond quasiment avec l'histoire du roman qui multiplie les étiquettes et les sous-genres (roman de mœurs, bourgeois, psychologique, métaphysique etc.), autant de variétés de réalisme thématisé (voir question 4). Le roman exploite un sujet explicitement fourni par la réalité (quel est le sujet de votre dernier roman ?) et l'objectif du romancier, en écrivant sur le réel, sur du réel, est de donner à celui-ci un style, une esthétique. La critique peut alors inviter à lire, en deçà d'un travail stylistique ou esthétique, les traces d'une idéologie (politique, religieuse, philosophique) : ce qui organise implicitement l'écriture.

Principes esthétiques et caution idéologique ont souvent été confondus au cours du XXe siècle. Le roman a dû illustrer une thèse, un système, populariser des idées, délivrer un message. Il a trouvé sa justification en dehors de critères esthétiques, stylistiques. Si l'on excepte l'organisation en grands cycles, nostalgie d'un roman somme, d'une épopée à vocation nationale, sociale, on ne peut parler de formes nouvelles. Des formes, ou plutôt des formules ont été reconduites. On distinguera cependant le réalisme soviétique, le réalisme à thèse ou symboliste, le néoréalisme et le « réalisme brut ».

C'est en Russie soviétique que l'on trouve les exemples les plus nombreux et les plus nets d'un réalisme mis au service d'une cause politique. On retiendra, entre 1919 et 1930, d'intéressantes expériences qui allient l'esprit révolutionnaire et une écriture ouverte aux solutions et aux techniques d'avant-garde (constructivisme, futurisme). Il s'agit de romans « prolétariens » (V. Ivanov, *Le Train blindé 14-69*, 1922), de romans « paysans » (S. Klychkov, *Le Prince du monde*, 1928, fusillé en 1937), de romans dits de « production » (N. Liachko, *Haut fourneau*, 1925 et F. Gladkov, *Le Ciment*, 1925). Ce dernier, traduit l'année suivante par V. Serge, met en scène un ouvrier, héros de la guerre civile dans les rangs communistes, remettant en marche son usine dévastée. La cimenterie préfigure « la reconstruction complète d'une vie libérée du capitalisme », mais son succès est « difficilement compréhensible aujourd'hui » (Morel, 1985 : 187).

En 1934, le pluralisme esthétique n'est plus à l'ordre du jour et Maxime Gorki, au premier Congrès des écrivains soviétiques, lance le mot d'ordre du réalisme soviétique. Les écrivains deviennent, selon la définition proposée par Staline, « les ingénieurs de l'âme humaine ». Il ne s'agit pas seulement de représenter les réalisations industrielles et paysannes de la nouvelle société, il faut éduquer et transformer les lecteurs. On publie des romans de la « collectivisation » (thématisation du réel politisé) avec *Terres défrichées* (1932-1960) de Mikhaïl Cholokhov, à qui l'on doit aussi un grand succès pour un roman plus élaboré (dont certains lui dénient la paternité) *Le Don paisible* (1927-1940). L'esthétique se radicalise encore avec le doctrinaire Andréï Jdanov (1896-1948) dont l'esprit présidera pendant les années de la guerre froide jusqu'à la mort de Staline. On évoque les usines dynamiques, les kolkhozes idylliques, l'industrie rédemptrice, la société socialiste unie au nom de la « théorie de l'absence de conflit ». La déstalinisation, puis le dégel ne modifient pas l'esthétique dominante du roman : elle s'ouvre timidement aux critiques de l'époque stalinienne, s'enrichit de la publication posthume du roman de Mikhaïl Boulgakov (1891-1940), *Le Maître et Marguerite* (1966-1967) ; elle s'alourdit aussi de symboles (Valentin Raspoutine exaltant les valeurs rurales dans

Adieu à l'île (1976), histoire de la construction d'un barrage). Le modèle du réalisme socialiste a bien évidemment été suivi et appliqué dans les littératures des pays d'obédience communiste (Europe de l'Est, Chine).

Il faut remarquer que le réalisme « enrichi » de symboles (tendance déjà identifiée avec le naturalisme, voir question 29) est aussi la solution esthétique de romanciers connus pour leur antisoviétisme, Pasternak et Soljenitsyne. *Le Docteur Jivago* de Boris Pasternak (1890-1960), qui ne paraîtra en URSS qu'après la réhabilitation de l'écrivain en 1987-1989, est une ample fresque où se mêlent la guerre et l'amour, celui de Iouri Jivago et de Lara. À la passion qui donne un sens à la destinée du couple d'amants se superpose l'inimitié entre Iouri le poète et Pavel, le révolutionnaire et mari de Lara, autant dire la lutte entre le Bien et l'Amour, le Mal et la Violence. Si Alexandre Soljenitsyne choisit le style sobre et précis du documentaire pour *Une journée d'Ivan Denissovitch* (1962) dont la publication fut autorisée par Khrouchtchev, il se tourne ensuite vers un réalisme régénéré par l'esprit, dans le droit fil de Dostoïevski et de Tolstoï dont il semble vouloir être l'héritier dans *Le Pavillon des cancéreux* (1963-1966), vaste métaphore de la société soviétique, puis dans *L'Archipel du Goulag* (1973-1976), littérature sotériologique qui s'emploie à exorciser le Mal. Le réalisme documentaire reste l'un de ses principes dans l'élaboration de sa vaste épopée en plusieurs « nœuds » ou segments décisifs, *La Roue rouge* (*août 2014*, et *novembre 2016* parus). Deux grandes métaphores organisent la première masse romanesque : l'acrobate de cirque et l'assassinat du premier ministre en 1911 (*flash-back*) et le grain battu sur l'aire qui figure les hommes entrant en guerre. Soljenitsyne se montre là tout à la fois grand metteur en scène de l'histoire, d'autant plus visionnaire qu'il réorganise le passé, et apôtre d'une ascèse russe, proche d'une mystique orthodoxe nationaliste.

Ainsi le recours à la thèse ou au symbole constitue la manière d'intégrer le réalisme et de le dépasser, de le justifier, en dehors de considérations esthétiques et littéraires. On dispose de deux solutions qui s'épaulent et légitiment la reproduction du réel quotidien ou historique. Si le mot « thèse » est trop fort ou trop réducteur, on peut le remplacer par « engagement » ou « témoignage ». L'engagement peut être illustré par *La Condition humaine* (1933) d'André Malraux, salué comme le premier roman sur la révolution chinoise, œuvre philosophique tout autant que politique. Ou par *Le Bourreau* (1933), roman contre le nazisme du Suédois Pär Lagerkvist (1891-1974). Le réalisme au service d'une cause politique est celui du romancier Aragon, communiste, auteur d'un plaidoyer *Pour un réalisme socialiste* (1935), qui est illustré avec *Les Cloches de Bâle* (1934), *Les Beaux Quartiers* (1936) et *Les Voyageurs de l'impériale* (1941). Le témoignage aux formes multiples a donné des romans descriptifs sur l'état de classes sociales, de la campagne par exemple, qui se réclament souvent d'un « néo-réalisme ». On peut citer l'importante école néo-réaliste au Portugal : Aquilino Ribeiro (1885-1963), Alves Redol (1911-1969) ou Ferreira de Castro (1898-1974), en Espagne : Camilo José Cela (*La Famille de Pascual Duarte*, 1942, *La Ruche*, 1951), Miguel Delibes (*Le Chemin*, 1950) ou Rafael Sanchez Ferlosio (*Le Jarama*, 1956), en Allemagne avec Hans Fallada (1893-1947), en Italie avec Cesare Pavese (1908-1950) ou Elio Vittorini (1908-1966), aux États-Unis, du classique d'Upton Sinclair, *La Jungle* (1906) à John Steinbeck (1902-1968) qui a montré le sort misérable des travailleurs agricoles de Californie (*Les Raisins de la colère*, 1939).

La thèse, au sens large, peut être politique, sociale (Günter Grass, *Le Tambour*, 1959, *Les Années de chien*, 1965) ou religieuse (par exemple chez le Grec Nikos Kazantzakis (1883-1957) avec *Le Christ recrucifié*, 1948). Dans le premier cas, le romancier socialiste de RFA conte l'Histoire de façon truculente et allégorique pour exorciser le nazisme (il a évolué depuis, avec *Le Turbot*, 1977). Dans le second cas, les malheurs de réfugiés grecs chassés par les Turcs et l'assassinat par un pope de leur défenseur sont des faits qui se hissent au niveau de symboles et qui plaident pour le retour à un message de charité et d'amour évangélique. La thèse à défendre peut être raciale, comme dans le roman indigéniste ou *novela andina*, avec Jorge Icaza (1906-1978) en Équateur, José Maria Arguedas (1911-1969) au Pérou. Elle peut être raciale et sociale avec le Brésilien Jorge Amado (né en 1912) et ses nombreux romans à succès où il prend la défense des Noirs de Bahia, ou avec les romanciers sud-africains (André Brink). Elle peut être morale : défense d'une idée de solidarité humaine avec Heinrich Böll (1917-1985).

Le « réalisme brut » (l'expression est de Sartre, *Situations I*) semble en un premier temps revenir à des principes esthétiques : renoncer au « narrateur tout connaissant », « supprimer les intermédiaires entre le lecteur et les subjectivités-points de vue des personnages », « faire entrer (le lecteur) dans les consciences comme dans un moulin ». Il se situe expressément dans le sillage de Joyce pour justifier « une deuxième espèce de réalisme : le réalisme brut de la subjectivité sans médiation ni distance ». De fait, ainsi que le notait le critique Gaëtan Picon (Raimond, 1966 : 214), il y avait contradiction entre l'univers romanesque et la signification qui tente de s'y affirmer. On a obtenu une étiquette nouvelle : roman existentialiste ou roman de l'absurde avec Camus. Mais *L'Étranger* aboutit sinon à un « trucage », du moins à une contradiction entre la conduite privée de signification, la présentation brute de la réalité et sa reconstitution rationnelle et fausse en un second temps. Et *La Peste* sombre dans l'allégorisme proche de la thèse philosophique à débattre pendant lecture, ou après.

Le réalisme va trouver des moyens d'expression plus convaincants que le roman pour s'illustrer : la littérature populaire et le cinéma. On examinera tour à tour les influences que ces modes d'expression ont pu avoir sur les formes romanesques.

39 Romans populaires : vers une reconnaissance littéraire ?

On peut noter au XXe siècle la généralisation des procédés de l'écriture du feuilleton, du roman dit « populaire » dans des romans dits « bourgeois ». C'est, en France, l'exemple évident, par les succès obtenus entre les deux guerres, de P. Benoit (quarante romans en quarante ans...). On peut aussi observer plus récemment comment le roman populaire sert de base parodique au roman (utilisation du feuilleton par Manuel Puig, *Le Baiser de la femme araignée*, Vargas Llosa, *La Tante Julia et le scribouillard*, du roman policier par Umberto Eco, *Le Nom de la rose*).

Inversement, la para-littérature se diversifie et se fait reconnaître par le public : c'est l'argument du succès tangible et immédiat (cf. « La sous littérature : 30 millions de lecteurs », Supplément litt. du *Monde*, 19-IV-1967). Par la critique ensuite (processus de légitimation) (cf. « Grandeur de la littérature populaire », *Magazine littéraire*, juillet 1967, n° 9). Elle accède à des modes de diffusion diversifiés (éditions bon marché, livre de poche, éditions illustrées, voire de luxe). Elle bénéficie d'adaptations cinématographiques, télévisuelles et peut se transformer en modèle esthétique, être reconnue comme forme « littéraire », comme le « phénomène » San Antonio, étudié dès 1965 à Bordeaux par Robert Escarpit.

Le XXᵉ siècle voit la promotion du roman policier, de la science-fiction et, dans une moindre mesure, du roman d'espionnage. L'accès de ces genres, spécialement les deux premiers, à la « dignité » littéraire a été facilité par le travail de la critique. La reconnaissance, autant dire la naissance de sous-genres, procède d'un principe essentiel : la légitimation par filiation, l'identification d'ancêtres fondateurs. Non sans humour, Roger Caillois signale qu'on a « voulu voir » dans *Œdipe roi* le « début glorieux du roman policier ». Boileau et Narcejac n'ont pas manqué de justifier leur apologie du genre et leur penchant pour la psychologie en alléguant (tradition française oblige) le modèle de la tragédie racinienne. Pour d'autres, Georges Simenon (300 romans de 1923 à 1933 dont 41 pour l'année 1929) est le Balzac de ce siècle, par sa fécondité et la création d'atmosphères réalistes.

La généalogie du roman d'espionnage est très courte. Pourtant, l'espion est un personnage sans doute fort ancien et l'espionnage un thème qui peut avoir une histoire, depuis les Grecs jusqu'à Mata Hari, en passant par l'androgyne Chevalier d'Éon. Mais cette matière attendait une forme esthétique et une conjoncture historique. On trouve miraculeusement un texte de Fenimore Cooper *The Spy* (1821), mais le *spy thriller* s'imposera après la Seconde Guerre mondiale (John Le Carré, Ian Fleming). Le genre repose sur une structure manichéenne qui oppose un État à une Cause, un Service (d'espionnage) à une Organisation et un Agent à une Femme ou plusieurs, à la fois opposante et adjuvante. Celle-ci, à son tour, est thématisée, offrant avec le travail (la mission à accomplir) les deux ressorts essentiels du roman. Le travail appelle la description d'un pays étranger (exotisme), la découverte d'un mystère (sadisme des opposants) et le triomphe de l'agent (affirmation de l'individualisme... dans une société de masses), cependant que la Femme appelle parallèlement la description (effets de voyeurisme), le mystère (masochisme du héros dans les jeux dangereux de l'amour) et le triomphe (érotisme en tout genre). Nombre de romans de San Antonio reposent sur la parodie de ces ressorts narratifs.

Les érudits font commencer la Science-Fiction avec le *Frankenstein* (1818) de Marie Shelley. On a pu écrire l'histoire de la Science-Fiction avant la S.F. (M. Lebailly, 1989), en utilisant l'utopie (de Cyrano de Bergerac à Jules Verne), la littérature scientifique, le roman d'anticipation (H. G. Wells) et le merveilleux scientifique (*La Guerre du feu* de Rosny Aîné, 1911). Mais la *scientific fiction* est un terme forgé par Hugo Gernsback (1884-1967), fondateur des revues *Amazing* (1926) et *Wonder Stories* (1929-1930). Il reste alors à classer les productions (produits?), les grandes sagas initiatiques, les « classiques » du genre (Isaac Asimov, Arthur C. Clarke, Walter M. Miller, Frank Herbert, A.E. Van Vogt...).

Le roman policier a une généalogie plus compliquée. Elle commence en général par *Les Aventures de Caleb Williams* (1794) de William Godwin, préoccupé par le fonctionnement de la justice. Mais on peut aussi remonter, à la suite des travaux et fictions de Robert Van Gulik (1910-1967) à la Chine impériale du XIIIᵉ siècle pour identifier l'ancêtre de la *detective story*. Plus sérieusement, on s'accorde à voir dans Edgar Allan Poe (*Le Double Assassinat de la rue Morgue*, 1841) le prototype du genre : lieu clos et mystère qui ne sera résolu que par le pouvoir du raisonnement. On verra en Wilkie Collins (1824-1889) le « père » du roman et non plus de l'histoire policière (voir question 32). Mais on fera remarquer que l'histoire policière a tenté Balzac, Hugo, Dostoïevski. On rappellera aussi qu'André Malraux a présenté *Sanctuaire* de Faulkner comme « l'intrusion de la tragédie grecque dans le roman policier ». Ce cheminement rétrospectif se trouve en partie justifié par certains exemples : l'énigme policière apparaît comme élément structurant dans le nouveau roman (Robbe-Grillet, Claude Ollier). Ou chez les Italiens, Carlo Emilio Gadda ou Leonardo Sciascia qui rappelle cependant, dans son dernier roman, *Le Chevalier et la mort* (1989), que la seule vérité de l'écrivain est celle de son écriture.

Dans l'espace laissé libre entre les ancêtres et les dernières littérarisations, il n'y a plus qu'à décliner les noms jalons (Émile Gaboriau, Sir Arthur Conan Doyle, Agatha Christie), à multiplier les subtiles étiquettes de préférence en anglais (*detective novel, crime novel, thriller*, roman noir...). La production, quant à elle, exploite trois variantes : le criminel, la victime et surtout la personnalité de, l'enquêteur (de Sherlock Holmes à Pepe Carvalho de Manuel Vasquez Montalban, de Rouletabille à Frère Cadfael d'Ellis Peters, du Maigret de Simenon au *hard boiled*, le dur à cuire dans la tradition de Dashiel Hammett, le policier, le « privé », seul à rester honnête). On ne saurait oublier (conséquence de la littérature-produit) le paramètre de l'édition et de la diffusion : la Série noire, créée par Marcel Duhamel en 1945, grosse de 2 400 titres, a diffusé en France une thématique, un imaginaire américains et une langue, définie par R. Queneau comme « intermédiaire entre le franslang et l'amerargot ».

On remarquera que ces trois genres « littéraires » auraient une audience beaucoup plus réduite sans le secours du cinéma, qu'il s'agisse d'*OSS 117*, de *La Guerre des étoiles* (1977), *E.T.* (1982) et autres *Jurassic Park*, ou celui de la T.V. (le polar franchouillard avec Maigret ou Navarro). C'est identifier une très ancienne parenté et remonter, cette fois-ci de façon historique et non fantasmatique, sinon à la naissance du moins aux débuts du cinématographe. Ce fut en 1915 que « naquit » en France, à l'imitation des *serials* américains, le « film feuilleton », film sortant sur les écrans en feuilletons hebdomadaires et quotidiens dans un journal (Queffélec, 1989 : 115). Pierre Decourcelle (1856-1926) feuilletonniste à succès (cf. Q 28) et directeur de la Société cinématographique des Auteurs et Gens de lettres, fondée par Pathé en 1908, fut chargé d'adapter *Les Mystères de New York*, vingt-deux épisodes choisis par Pathé Frères : le succès fut énorme et l'adaptation devint le « film fétiche des surréalistes ». Prélude aux *Fantômas*, *Judex* et *Belphégor*... Un aspect, parmi d'autres, des rapports continus et complexes, entre roman et cinéma.

 ## Cinéma et roman : quels dialogues ?

Les éléments de réponse seront empruntés aux recherches de J.-M. Clerc (1993). On peut envisager trois types de coopération entre deux formes d'expression qui ne sont pas de même nature : l'emprunt par le romancier de techniques cinématographiques

(accéléré et ralenti, fondu enchaîné, raccord et montage essentiellement) ou de références filmiques (variantes de la citation), l'adaptation d'un roman au cinéma par le romancier ou l'écriture d'un
synopsis; enfin le travail conjoint du texte et de la composition du
film (ciné-roman). Ce serait *stricto sensu* la seule forme nouvelle
« née » de la collaboration entre roman et cinéma. Reste l'histoire
de ces dialogues.

La découverte du cinéma a été saluée avec enthousiasme par
certains écrivains, plus poètes que romanciers. La fascination de
l'image en mouvement (kaléidoscope et cinématographe) n'a pas
été étrangère à Proust et D'Annunzio pariait avec conviction sur les
capacités oniriques du nouveau mode d'expression : « Le cinéma
doit livrer au spectateur les visions fantastiques, les catastrophes
lyriques, les plus hardies merveilles, ressusciter comme dans les
poèmes chevaleresques, le merveilleux. » L'image cinématographique questionne le romancier et ses rapports avec le réalisme. Elle
transpose les apparences et impose une « vérité poétique ». Pour
Giraudoux, le film rend l'homme « maître de son rêve ».

Dans les années 1930, c'est le montage qui concentre une
grande part de l'intérêt des romanciers. Le Suisse Ramuz, évoquant
la beauté de la montagne, voit dans le cinéma le seul art capable
d'exprimer une synthèse comparable de l'espace et du temps. Un
procédé comme le montage offre des possibilités de simultanéisme
qui devient à cette époque un thème de réflexion et d'expérimentation, comme dans *Manhattan Transfer* (1925) de John Dos Passos
(1896-1970). Le romancier veut trouver un mode d'écriture pour
une vision critique de la grande métropole et transcrire, restituer la
vie multiple par une technique panoramique et une série polyphonique de personnages. Sa rencontre avec Eisenstein va influencer la
trilogie *USA*. Là, il utilise l'alternance de documents très divers
(variante du collage et logique du montage) et introduit des *Camera
eyes* ou « Moi caméra » où le narrateur intervient dans des sortes de
monologues. Ces textes ne sont pas éloignés, dans leur fonction, des
textes en épigraphe aux chapitres de *Manhattan Transfer*, suite de
poèmes en prose qui introduisent un second niveau dans le récit.

La succession rapide des images cinématographiques, leur
force amènent écrivains et romanciers à remettre en question la
valeur des mots, la notion même de texte et la forme traditionnelle
prise par le roman. L'écriture de scénarios qui dotent le cinéma

d'une fiction qui lui est propre marque aussi la décennie 1920-1930 : elle tente cependant peu les romanciers. Penser en images séduit les poètes (Cocteau, *Le Sang d'un poète*). En revanche, un cinéaste comme D. W. Griffiths (*Naissance d'une nation*) se réfère expressément à Dickens et à son « montage parallèle » pour adapter au cinéma les procédés du roman.

L'avènement du « parlant » va changer la situation en redonnant force et crédit avec la parole à l'illusion réaliste. Mais le roman ne tire pas parti au début de cette donnée nouvelle. C'est le théâtre qui triomphait de façon douteuse avec l'idée du « théâtre filmé » défendue par Marcel Pagnol : « un champ nouveau s'ouvrait à l'auteur dramatique. » De son côté, Dos Passos déclarait, en 1936 dans une interview, que « la littérature est presque condamnée à mort » et que « le romancier doit saisir [...] le changement des mentalités conditionné par la TSF et le cinéma ». Ce point de vue est exprimé au moment où roman et cinéma américains jouissent d'une large audience et suscitent l'admiration des milieux lettrés : citons Malraux et Sartre.

La critique littéraire de l'immédiat après-guerre associe encore roman et cinéma américain, parle fréquemment, mais de manière générale, d'une « technique du roman » venue d'Amérique, de « l'influence des techniques cinématographiques » sur le roman et de techniques de « reportage » dont Denis de Rougemont essaye d'analyser les caractéristiques (« *catch phrase*, art de la dramatisation, effets de choc, raccourcis, culte de l'expression directe et sensorielle »). Plus précisément, avec *Citizen Kane* et le néoréalisme italien, on découvre l'emploi systématique de la profondeur de champ, un nouveau mode de narration qui, excluant le montage, se fonde sur la durée vécue. Mais la critique s'interroge aussitôt pour se demander si Orson Welles a lu Proust. Orson Welles est salué comme celui qui a restitué à l'illusion cinématographique une qualité fondamentale du réel : sa continuité. Il ne s'agit donc plus d'un cinéma fondé sur la fragmentation abstraite de la représentation par le montage, mais sur l'intégralité de la vision. On salue chez Rossellini l'avènement d'une structure narrative dont l'unité n'est plus le « plan », point de vue abstrait sur la réalité, mais le fait capté par le « plan-séquence ». Il y a donc « une évolution du cinéma vers une conquête de la narrativité romanesque » (Clerc, 1993 : 50). De plus, le néoréalisme italien a enseigné la « dédramatisation du temps » et c'est sans doute ce qui a contribué à la faire « assimiler à un certain type de création romanesque » (*ibid.* : 58). On va dès lors rechercher dans le film une puissance d'abstraction analogue à celle du roman. Le cinéma devient « langage » et l'on va bientôt discuter de la caméra « subjective » (et non plus objective) et surtout de la « voix off », ce que l'on appelle « la première personne sonore » tenue par un critique pour « l'innovation la plus importante qu'on ait faite dans l'emploi de la parole au cinéma ». On peut signaler l'utilisation de la voix off dans l'adaptation que Robert Bresson fait du *Journal d'un curé de campagne* (1951) de Bernanos. On le voit : tout est là pour ramener le septième art à un langage romanesque, tandis qu'on se plaît à retrouver, non sans quelque approximation ou arbitraire, un langage cinématographique dans certains romans.

Une étape nouvelle est marquée par le film d'Alain Resnais et Marguerite Duras, *Hiroshima, mon amour* (1959). On a souvent relevé l'influence américaine (Faulkner, Dos Passos) dans le texte de M. Duras. Cinéma « littéraire » en effet dont l'originalité tient essentiellement à son « abstraction poétique ». Le film, qui repose selon M. Duras sur une « forme proche de la forme sonore du quatuor », a imposé une écriture capable de créer des « figures abstraites » (R. Barthes). Le cinéma est devenu pleinement langage. Enfin, avec Alain Robbe-Grillet apparaît une forme nouvelle « le ciné-roman », ou scénario publié. Le premier « ciné-roman » date de 1961 : *L'Année dernière à Marienbad*, en collaboration avec Alain Resnais. Viendront ensuite *Trans-Europ-Express* et *Glissements progressifs du plaisir* (1974). Dans ce dernier, il a juxtaposé le synopsis soumis à la commission d'avance sur recettes, le descriptif du tournage avec ses précisions techniques et le relevé du film sur table de montage. Document intéressant qui permet l'étude du fonctionnement de l'image qui n'est plus un point d'arrivée mais un point de départ. Mais la lisibilité d'un tel texte devient problématique dès lors qu'il est privé des images dont il est à l'origine solidaire.

A. Robbe-Grillet n'a pas seulement attaché son nom à cette expérimentation. Il est plus directement associé à une forme nouvelle : le nouveau roman.

41 *Que faut-il entendre par « nouveau roman » ?*

On ne quitte pas totalement le domaine de l'image puisque le « nouveau roman » c'est, comme on l'a souvent dit, une photo prise en 1959 devant les Éditions de Minuit où figurent Alain Robbe-Grillet, Claude Simon, Robert Pinget, Samuel Beckett, Nathalie Sarraute, Claude Ollier et l'éditeur Jérôme Lindon. Il manque Michel Butor et Marguerite Duras, et Claude Mauriac qui n'a jamais appartenu au groupe, si groupe il y a, mais dont les romans font partie du corpus. Un corpus qui est loin d'être homogène. D'abord par les dates : N. Sarraute et S. Beckett ont commencé à publier en 1938, Claude Simon en 1946, alors que le texte manifeste *Pour un nouveau roman* date de 1963 (rassemblant des textes publiés les années précédentes). Or, dès 1956, N. Sarraute avait publié *L'Ère du soupçon*, analyse critique du roman dit traditionnel. En 1951 Michel Butor avait publié « Le roman comme recherche » (*Cahiers du Sud*), texte repris avec d'autres dans *Essais sur le roman* (1960-64).

On peut penser que l'appellation « Nouvelle vague » pour le cinéma a pu servir à baptiser une école autour de laquelle s'élevaient d'âpres critiques et rôdait le scandale (lors du Prix de la critique décerné à Robbe-Grillet en 1955 avec *Le Voyeur*). L'appellation a donc une origine plutôt polémique. Mais les textes critiques signalés, auxquels s'ajoutent *Problèmes du nouveau roman* (Le Seuil, 1967) et *Le Nouveau Roman* (Le Seuil, 1973) de Jean Ricardou, et de nombreux articles de Roland Barthes, offrent des attaques convergentes contre un certain type de roman. À ce titre, ils participent à la crise du roman déjà présentée (voir questions 21 et 35). On n'oubliera pas, dans le contexte français seul en cause ici, les critiques de Sartre à François Mauriac, sur le rôle du romancier omniscient et les rapports créateur-créatures, ni l'étonnant *Noë* (1949) de Jean Giono, anti-roman où le roman qui s'écrit est mis en examen.

Les premiers « romans » des écrivains cités offrent des orientations assez diverses. Dans *Tropismes* (1939), N. Sarraute mène une investigation dans l'infra-conscience où se manifestent ce qu'elle nomme des « tropismes » et une critique des lieux communs de la bourgeoisie. Influencée par Dostoïevski, elle développe aussi la « sous-conversation », adaptation du monologue intérieur de V. Woolf. Michel Butor explore les possibilités de la simultanéité dans *Passage de Milan* (1954), ou suit les errements d'une conscience aux prises avec le temps (*L'Emploi du temps*, 1956 et *La Modification*, 1957). Claude Simon dépasse les préoccupations purement formelles pour des interrogations sur des thèmes majeurs (la guerre, l'art, le temps, l'histoire). Beckett, et dans une certaine mesure Pinget, retrouvent le monologue intérieur et font du texte le théâtre d'une voix (ça parle...). Robbe-Grillet est tenté par l'énigme policière (*Les Gommes*), par la fausse histoire d'un meurtre indécidable (*Le Voyeur*), par la mise en mots des choses (descriptions) et de fantasmes érotiques.

Quelle pourrait être leur poétique commune ? Sans aucun doute la recherche d'un roman « nouveau » qui récuse les formes anciennes où sont privilégiées l'étude psychologique, l'élaboration de personnages individualisés et la narration linéaire d'une histoire. Robbe-Grillet passait en revue, dans un texte de 1957, ce qu'il nommait des « notions périmées ». Il soulignait « l'univers stable, cohérent, continu, univoque, entièrement déchiffrable » que certaines techniques avaient imposé (en particulier « l'emploi systématique du passé simple », de la « troisième personne », le « déroulement chronologique », les « intrigues linéaires », la « courbe régulière des passions »...). Il s'en prenait à la « sacro-sainte analyse psychologique », de Mme de Lafayette à Balzac, au « bon roman » qui est « l'étude d'une passion » où l'intelligibilité du monde n'était jamais « mise en question » et où raconter ne posait pas de problème. L'illusion référentielle par l'écriture était mise en cause, de même que l'intrigue : il s'agissait de détruire la logique d'un modèle considéré comme dominant, mais qui avait cependant été déjà fortement mis à mal (voir questions 35 et 36).

Plus radical, Jean Ricardou fixait la tâche nouvelle du romancier : non plus l'écriture d'une aventure, mais l'aventure d'une écriture (1971 : 32). Il plaidait pour un nouveau récit, « assemblage problématique » (1973 : 65) où seraient pratiqués les mises en abyme (le « récit abymé »), les reprises et renversements de la symétrie, des phénomènes d'intratextualité comme la paronymie et l'hypogramme. Il commente ce type d'effet à partir de braguette/baguette dans *Triptyque* de Claude Simon. Mais lorsque, dans le même roman, il cite comme exemple de récit nouveau la parenthèse qui laisse le « geste en suspens » (il s'agit d'un « nocturne coït urbain suspendu soudain par toute une diurne scène campagnarde et qui revient pratiquement où il en était resté » 1973 : 134), il décrit très exactement la métalepse ludique, relevée dans le *Don Quichotte* (voir question 20). Pour Ricardou, le texte idéal devrait élaborer ses procédés d'auto-référentialité, d'autotélisme : une poétique fabriquée, exhibée. Au reste, il considère, non sans provocation sans doute, qu'un écrivain se reconnaît « au fait qu'il n'a pas d'imagination », c'est-à-dire qu'en lui « le désir d'écrire précède un quelque chose à dire ». Et les œuvres (le mot curieusement subsiste) ne communiquent désormais « rien d'autre que la dramatisation de leur propre fonctionnement ». On peut alors avancer qu'il ne s'agit plus d'une crise du roman, mais bien d'une crise de l'imaginaire.

Le nouveau roman peut paraître aujourd'hui une parenthèse refermée par certains protagonistes de l'École du regard (ainsi a-t-on appelé aussi un mode d'écriture qui privilégie la description littérale du monde). On a relevé le silence de certains, le choix d'autres solutions (l'autobiographie pour Robbe-Grillet, Sarraute). On peut aussi remarquer comment certains procédés ou modes de lecture, de questionnement de textes se sont comme accrédités. Nouveau roman et nouvelle critique (celle-ci qui a tant fait pour celui-là) ont été connus hors de France, en Europe occidentale, sauf peut-être en Grande-Bretagne. On peut ainsi identifier d'évidentes influences dans les procédés d'écriture et la conduite du récit chez les romanciers portugais et espagnols. Dans ces deux pays, les techniques du nouveau roman ont permis la critique et la remise en question du réalisme. Pour le Portugal on retiendra Almeida Faria (*Rumor branco/Rumeur blanche*, 1962, *A paixão/ La Passion*, 1965). Pour l'Espagne, les romans de Juan Benet (1927-1993), en particulier *Tu reviendras à Región*, Juan Goytisolo, après s'être écarté du néo-romanesque et du réalisme social, Luis Martín-Santos (1924-1964) avec *Tiempo de silencio* (1962). Pour l'Italie, le Groupe qui commence en 1963 (*Il Gruppo 63*). En Allemagne, Peter Handke, notamment avec *Les Frelons* (1966) et pour un temps Peter Weiss (1916-1982). À signaler encore l'influence sur les Canadiens Jacques Godbout et Réjean Ducharme, sur les *sestigers* d'Afrique du Sud (Jan Rabie, Breyten Breytenbach). En Amérique latine, les techniques du nouveau roman et la nouvelle critique ont été assez vite connues, assimilées, discutées. Elles ont plutôt provoqué la réflexion, au Brésil par exemple, et permis de définir, en Amérique hispanique, d'autres choix esthétiques pour un roman nouveau.

 Qu'est-ce que le boom *latino-américain*?

Il semble normal d'associer, en cette fin de siècle, Amérique latine et roman. En tant que genre littéraire, le roman est un phénomène récent. Dans les années 1950 la boutade du critique péruvien Luis Alberto Sanchez (« Amérique latine, roman sans romanciers ») est loin d'être un paradoxe. Dans les années 1960, le Cubain Alejo Carpentier (1904-1980) soutient que quelques romans ne font pas « le roman » en tant que genre et pratiques littéraires. De façon significative, la formule de Sanchez est reprise comme un lieu commun par le Mexicain Carlos Fuentes (né en 1928) dans son essai *La Nueva novela hispanoamericana* (1969) pour aborder l'étude de romans nouveaux publiés en langue espagnole. C'est au tournant des années 1970, avec les grands succès de Gabriel Garcia Marquez (né en 1928, prix Nobel 1982) que les journalistes, les agents littéraires (la plupart des romans ont été édités en Espagne et vite traduits en Europe) et la critique ont pu parler d'un *boom* littéraire, non sans humour.

Fuentes ne veut pas ignorer certains antécédents qui ont préparé l'apparition de ces romans nouveaux. Prenons l'essai au moment où il répond par la négative à la question : « Le roman est-il mort ? » Curieuse entrée en matière qui se réfère au romancier italien Alberto Moravia pour qui le roman est mort, le roman de mœurs avec Flaubert et le roman de la *psyché* avec Joyce et Proust. Le romancier, « dernier héros du monde bourgeois », serait donc obligé désormais d'être le témoin d'une décadence. Fuentes s'interroge sur l'identification entre roman et genre bourgeois et conclut que deux « écoles littéraires » ont prolongé la vie du « réalisme bourgeois » : le « réalisme socialiste » qui voulait faire une littérature révolutionnaire avec des méthodes « académiques » et l'« anti-roman » français qui n'est autre que le « nouveau roman »

que Fuentes propose d'appeler « le roman du réalisme néo-capita-
liste ». Il est intéressant de voir que la position critique de Fuentes
(comme avant lui celles de Carpentier ou de l'Argentin Ernesto
Sábato, né en 1913) procèdent autant d'une analyse de la situation
européenne que de celle du sous-continent. Le roman latino-américain du *boom* apparaît aussi comme la première réponse éclatante
à la question d'une identité, d'une spécificité continentales (on
parle de « la » littérature latino-américaine en oubliant d'ailleurs le
Brésil), comme le premier apport d'un ensemble trop longtemps
dépendant de modes et de modèles importés (voir question 47).

On comprend alors comment Fuentes, presque d'entrée de
jeu, peut définir ce roman nouveau comme « un nouveau sens de
l'historicité et du langage ». Et il veut « démontrer » cette proposition avec l'examen des œuvres du Péruvien Mario Vargas Llosa
(né en 1936), du Cubain Alejo Carpentier, du Colombien Gabriel
Garcia Marquez et de l'Argentin fixé en Europe Julio Cortazar
(1914-1984). Ainsi se constitue un premier corpus. De Vargas
Llosa, *La Ville et les chiens* (1963) et *La Maison verte* (1966) sont
retenus par Fuentes, mais il faudrait ajouter, entre autres titres à
succès, *La Guerre de la fin du monde* (1981) dont on ne saurait
trop souligner l'originalité de la matière : un hispano-américain se
tourne vers le Brésil et dans un gros roman conte le soulèvement de
paysans affamés du Nordeste. De Carpentier, Fuentes choisit *Los
Pasos perdidos/Le Partage des eaux* (1953) et le chef-d'œuvre *Le
Siècle des Lumières* (1962). Autre livre-phare : *Cent ans de solitude*
(1967) de Garcia Marquez. De Cortazar, auteur de nombreuses
nouvelles (*cuentos*), il retient *Marelle* (1963). Sa modestie l'empêche de s'inclure à ces noms. Il faudrait alors citer *La plus limpide
région* (1958), *La Mort d'Artemio Cruz* (1962) et la somme *Terra
nostra* (1975). Et ajouter les noms d'Ernesto Sábato pour son
roman *Sobre héroes y tumbas/Alejandra* (1961) et du Paraguayen
Augusto Roa Bastos (né en 1917) qui fait entrer son pays dans la
littérature mondiale avec *Moi le Suprême* (1974), roman sur le
dictateur Francia. Précisons encore que la même année Carpentier
publie *Le Recours de la méthode*, roman sur un dictateur imaginaire, thème du roman de Garcia Marquez, publié l'année suivante
L'Automne du patriarche, précédé d'une « propagande monumen-
tale ». Les mots sont du critique et romancier uruguayen Mario
Benedetti, auteur d'un essai *El Recurso del supremo patriarca/Le*

Recours du suprême patriarche (1979), titre qui fait une allusion ironique à trois *best-sellers*. Benedetti n'hésite pourtant pas à parler de l'*ex boom*. En 1979 Carpentier publiait son dernier roman *La Harpe et l'Ombre* et mourait l'année suivante. Garcia Marquez ne devait revenir au roman (nouvelle manière, beaucoup plus « romanesque ») qu'en 1985 avec *L'Amour aux temps du choléra* (1985). Le *boom* disparaît bien avec les années 1970. Il était né avec les années 1960. Il aura duré une vingtaine d'années.

Si Fuentes s'attache à l'écriture, à la structure des romans retenus, il développe fort peu cette histoire qui représente la matière, l'imaginaire de ces textes. Or ces romans « à histoire » (et non pas historiques) exploitent les différentes possibilités d'écrire l'histoire : la généalogie (histoire d'une lignée, d'une famille), le mythe et la fable, la dimension épique, les annales ou la chronique, la biographie, enfin le moule romanesque, polymorphe, anthologie de toutes ces modalités narratives. Lorsqu'à la fin de *Moi le Suprême* on lit : « L'histoire qui devait être narrée n'a pas été narrée », la citation de Musil restitue au lecteur son autonomie. À lui de poursuivre la réflexion, obligation dictée aussi par la chronique des Buendia (Garcia Marquez), par la confession *in articulo mortis* d'Artemio Cruz, jouant sur les trois personnes (je, tu, il) et les trois temps (passé, présent, futur), ou par Esteban du *Siècle des Lumières*. Ces romans prennent aussi possession d'un espace continental. Ils sont des histoires à trois niveaux : local (Macondo, le village emblématique de Garcia Marquez), national (souvent problématique) et continental, voire universel. Peut-être ne sont-ils pas les seuls à obéir à une semblable poétique (voir question 49). Fuentes peut souligner à juste titre que ces romanciers ont marqué la fin de « l'insularité traditionnelle de notre roman ». L'histoire consignée se transforme en nouveaux mythes pour l'homme d'aujourd'hui. Tout en affirmant qu'il importe de dire, voire de célébrer le réel, de l'inventorier pour le métamorphoser, ils font évoluer leur écriture et la composition du roman : ces scénarios symboliques sont à leur manière des mythes. Ils le demeurent s'ils sont lus comme des histoires compensatrices, des écritures de l'histoire pour que l'homme américain cesse d'être orphelin de son Histoire, d'être exilé de sa terre, pour que soient exorcisés la solitude et le désespoir. Ainsi l'histoire officielle (les mensonges de l'histoire, dit Fuentes) doit être démythifiée pour qu'ensuite le roman propose une lecture nouvelle du réel, par le mythe et par des esthétiques qui marquent la volonté d'approfondir et de dépasser le réel : réel merveilleux pour Carpentier, réalisme symbolique revendiqué par Fuentes, tropicalisme provocateur chez Garcia Marquez, délire spéculaire chez Roa Bastos, métaphysique surréaliste chez Sábato.

Les romanciers hispano-américains citent volontiers comme modèles Joyce, Proust, Kafka, Faulkner. C'est comme si ces romans sautaient par-dessus le « nouveau roman » et toutes les solutions réalistes pour retrouver les grands noms qui ouvraient ce chapitre. Dira-t-on que ces écritures de l'histoire, ces nouveaux mythes ont été conçus pour transformer l'histoire et forcer à l'action ? La littérature réaliste, la littérature engagée, les romans à thèse ont prétendu à ce rôle, à cette fonction. D'une façon autre, ces romanciers, sans faire mystère de leur choix politique (et qui dira ce que fut au début des années 1960 le grand mythe de la révolution cubaine pour chacun ?), se veulent témoins et proposent au lecteur de rendre leur histoire intelligible et leur terre « poétiquement » habitable, par la fiction. Une variante du « mentir vrai » d'Aragon. Ce faisant, ils donnent au continent sa première « modernité ». Confirmation faite par le poète Octavio Paz qui, dans une conférence au Collège de France en juin 1988, assignait à la poésie la fonction d'apporter une modernité à des nations qui ne l'avaient jamais connue : « Notre modernité est incomplète ou plutôt elle est un hybride historique. »

Le *boom* n'est donc pas seulement l'âge d'or du roman hispano-américain : il est le roman de la modernité. Les romanciers, acteurs de cette aventure romanesque, sont presque tous encore vivants et ils sont entrés déjà dans l'histoire, rejoignant les noms du début du siècle. Et d'autres romanciers ou critiques invoquent aujourd'hui d'autres solutions esthétiques pour ce qui reste du siècle ou pour pouvoir passer au suivant.

Romans fin-de-siècle ou romans postmodernes ?

Quelques éclaircissements sur le mot « postmoderne » sont les préalables à l'élaboration d'un corpus, véritable réponse à la question. D'aucuns attribuent à l'historien Toynbee la paternité d'un postmodernisme en histoire. D'autres préfèrent invoquer l'utilisation du terme en histoire de l'art (architecture). On peut aussi se souvenir de la réflexion de Theodor Adorno (1949) sur l'impossibilité d'écrire des poèmes *après* Auschwitz (*Prismes*, 1986 : 23). Mais les références inscrivent le mouvement (l'esthétique, l'idéologie ?) dans un contexte plutôt européen, alors qu'il est essentiellement d'origine nord-américaine. Le qualificatif a été utilisé par le critique Ihab Hassan pour définir de nouvelles écritures. Il a proposé (Calinescu et Fokkema, 1987) onze traits distinctifs (*postmodern features*) comme éléments de réflexion et d'analyse du « postmodernisme ».

1) L'indétermination, le caractère indécidable du texte, citant W. Iser (sa notion d'*Unbestimmheit*) et l'imagination dialogique de Bakhtine.

2) La fragmentation, pour mieux s'opposer à ce que le postmodernisme honnit : la totalisation (*his ultimate opprobium is « totalization »*).

3) La décanonisation, la délégitimation des maîtres-codes de la société et la préférence pour les « petites histoires » (*sic*) qui favorisent les jeux du langage (*language games*).

4) L'effacement du sujet, devenu pure fiction (*the loss of self in modern literature*) permettant un style sans profondeur qui refuse l'interprétation.

5) L'imprésentable ou l'inreprésentable : l'art postmoderne est irréaliste et aniconique. Et citant Julia Kristeva, l'écrivain doit aller vers « l'abject », la mort ou plutôt « l'échange entre les signes et la mort ».

6) L'ironie, en ce qu'elle assure l'indétermination, la « clarté de la démystification », « la pure lumière de l'absence ».

7) L'hybridation, la parodie, le travestissement, le pastiche, pour aller vers une « dé-définition et une déformation des genres culturels ».

8) La carnavalisation : Bakhtine est encore cité, l'hétéroglossie de Rabelais et Sterne, « jubilants pré-postmodernistes ».

9) La performance, la participation : il s'agit de répondre à l'indétermination du texte qui exige que ses « blancs », ses « lacunes » soient comblés (*those gaps must be filled*).

10) Le constructionisme. Le postmodernisme construit en fait une réalité à l'intérieur de « fictions post-kantiennes » ou plutôt « post-nietzschéennes ».

11) L'immanence. Les langages reconstituent l'univers en un ensemble de signes qu'ils ont élaborés, changeant la nature en culture et la culture en un système sémiotique immanent (*an immanent semiotic system*). De telles immanences « dans une société de consommation » deviennent plus vides que fatales. Elles sont (*dixit* J. Baudrillard) « obscènes » et invitent à « un vertige collectif de neutralisation, une fuite en avant dans l'obscénité d'une forme pure et vide ».

Ihab Hassan a également fourni un corpus postmoderne (*Paracriticism : seven speculations of the times*, 1975). Il fait remarquer que tous les auteurs postmodernes importants ont un nom commençant par B : Barth (John), Barthelme, Beckett, Blanchot, Borges, Burroughs, Butor... D'autres sources (Maurice Couturier et Régis Durand, dans un livre consacré à Donald Barthelme, 1982) donnent d'autres lettres de l'alphabet : Albee, Ashbery, Calvino, Fowles, Ginsberg, Grass, Handke, Lowell, Nabokov, Pinter, Pynchon, Robbe-Grillet, Stoppard, John Barth (*The Literature of Exhaustion/La Littérature de l'épuisement*, 1967) a clairement désigné Borges comme le premier postmoderne et comme l'inventeur de la notion. Dans un autre article (*The Literature of Replenishment/La Littérature du réapprovisionnement*, 1980), il élabore une sorte de généalogie de l'esthétique postmoderne : on retrouve le regard rétrospectif, la chasse aux fondateurs chers à l'histoire littéraire. Il propose des prédécesseurs (T. S. Eliot, W. Faulkner, Gide, Joyce, Kafka, Th. Mann, Musil, Ezra Pound, Proust, Gertrude Stein, Unamuno, V. Woolf), des précurseurs au XIXe siècle (Jarry, Flaubert, Baudelaire, Mallarmé, Hoffmann), enfin des ancêtres tutélaires (Sterne et Cervantès).

Brian McHale (*Postmodernist Fiction*, 1987) donne un corpus encore plus précis et plus diversifié : Beckett (*L'Innommable*, 1952), Butor (*Mobile*, 1962), Robbe-Grillet (*La Maison de rendez-vous*, 1965), Nabokov (*Ada*, 1969), Th. Pynchon (*Gravity's Rain-*

bow, 1973), Fuentes (*Terra nostra*, 1975). D'autres noms sont cités, confirmant les corpus précédents (I. Calvino, J. Cortazar, J. Fowles, G. Grass...). D'autres encore rejoignent les rangs postmodernistes : Thomas Bernhard, Umberto Eco, Juan Goytisolo, Georges Perec, Ishmael Reed, Salman Rushdie, Monique Wittig... Récemment, F. Gallix (1995) a retenu pour l'Angleterre Anthony Burgess (1917-1993), John Fowles, Julian Barnes, Graham Swift, Martin Amis, tous romanciers. En se référant à M. Chénetier (1989) on peut confirmer comme représentants de la fiction postmoderne aux États-Unis : D. Barthelme, W. Gass, V. Nabokov, Th. Pynchon, G. Sorrentino...

Les noms et les titres qui, par recoupements, sont toujours retenus sont bien plus nombreux que les critères dénombrés. Trop peut-être... Remarquons d'abord la part prépondérante prise par les écrivains (plutôt que romanciers) nord-américains. Le roman de Th. Pynchon (*Gravity's Rainbow*) est sans doute l'un des meilleurs exemples de cette « nouvelle » fiction qui choisit Londres au moment des bombardements de la dernière guerre : espace, temps sont brouillés, altérés et les personnages cherchent en vain un sens au désordre général. Seule réponse carnavalesque : le sexe. L'Anglais Jown Fowles donne avec *The French Lieutenants Woman* (1969) un roman ironique, parodique et qui propose plusieurs fins possibles : l'auteur rejoint son personnage dans le train et joue aux dés pour savoir quelle sera la conclusion possible.

Une seconde observation porte sur les auteurs français qui sont le plus souvent les représentants du nouveau roman. Il semble que les préceptes de cette esthétique aient été intégrés à l'écriture postmoderne qui accepte aussi un triple « héritage » : Bakhtine, les modèles de la « modernité » et Borges qui va accentuer la remise en cause de la forme romanesque au profit d'un récit, d'une fiction. Mais la primauté du texte et du scripteur ont été aussi des points forts de la pensée critique française (R. Barthes).

Une troisième observation porterait sur d'autres productions ou écoles romanesques qui se distinguent par leur vitalité : l'Italie ou la Péninsule ibérique, après (mot-clé) les dictatures. Où et comment classer certains romanciers de la *Movida* en Espagne (Javier Marias, par exemple), ceux d'après le 25-Avril au Portugal (António Lobo Antunes, Jose Saramago) ou l'Italien Antonio Tabucchi ? Faut-il d'ailleurs d'ores et déjà les classer, les définir ?

Une dernière observation concerne les modèles fondateurs et les traits constitutifs de l'esthétique postmoderne. On retrouve les textes qui ont marqué la « crise » du roman (voir questions 20 et 21). Qu'on appelle ce roman nouveau « métafiction », mot inspiré ou non de G. Genette et repris par la critique nord-américaine (R. Scholes, *Fabulation and Metafiction*, 1979; Patricia Waugh, *Metafiction*, 1985) ne change rien à l'esthétique choisie (ironie, parodie, intertextualité, etc.). Le Postmodernisme n'aurait-il pas d'originalité ?

Elle est à chercher non pas en esthétique, mais dans l'idéologie qui sous-tend cette esthétique. La fragmentation, le refus de toute totalisation et plus encore l'absence de toute transcendance dans l'écriture, dans l'acte créateur composent une option philosophique qui s'inscrit après une modernité qui peut remonter à Baudelaire. La confusion typique entre fragments d'un ensemble et fragments dont chaque élément renverrait à un Tout pensé et décidé (la conception organique de l'œuvre d'art exprimée par Proust, par exemple), la confusion volontaire (donc idéologique) entre totalité et pensée totalitaire et le plaidoyer pour *small is beautifull*, celle entre d'une part le parodique, l'allusif, le spéculaire et, de l'autre, le ludique généralisé, la suspension festive de tout sens, le jeu sans règle du jeu, l'aléatoire immanent, l'« apocalypse douce » (Barthes, *Leçon* : 41) sont autant de traits caractéristiques d'une vision du monde, esthétique et éthique confondues, qui a renoncé à parier sur le pouvoir des mots et laisse l'homme orphelin de sa langue. Resterait alors à établir un ultime rapport (proposé par Fredric Jameson, *Postmodernism*, 1991) entre postmodernisme et *late capitalism*. On traduira non par post-capitalisme, mais bien par crise du capitalisme, c'est-à-dire celui qui s'examine pour mieux se restructurer, celui de notre temps. Il faudrait alors trouver un autre mot pour définir l'esthétique qui s'appliquerait à des littératures et à des cultures du Tiers Monde, à peine entrées dans la modernité et qui en seraient déjà sorties par la seule décision d'une pensée critique. Pour s'en tenir au roman, il existe une proposition.

44 *Un roman « au-dessous du trente-cinquième parallèle » ?*

L'expression est de Milan Kundera (*Les Testaments trahis*, Paris, Gallimard, 1993 : 43). Le romancier, réfléchissant moins à une théorie qu'à une poétique du roman, à usage personnel, part d'une réalité à ses yeux historique : l'existence d'un « roman européen », « entreprise née avec Rabelais et Cervantès ». Ce roman a une histoire qui dépasse celles que chaque littérature peut offrir : une histoire qualifiée indifféremment (ce qui est dommage) de « transnationale » ou de « supranationale ». Cette histoire commune permet de suivre une évolution, ou plus simplement une « course de relais », de Boccace, « le grand précurseur » à Kafka, Musil, Broch et Gombrowicz, ce qu'il appelle « l'aventure centre-européenne ». L'histoire retracée est celle d'un « trajet », comme si le roman « éveillait l'une après l'autre les différentes parties de l'Europe, les confirmant dans leur spécificité et les intégrant en même temps à une conscience européenne ».

Kundera en vient à constater qu'au XXe siècle, « les grandes initiatives de l'histoire du roman européen naissent (*sic*) hors de l'Europe ». Et il cite l'Amérique du Nord, puis l'Amérique latine. Et après ? Après vient, pour lui, le « plaisir » que lui ont procuré deux romanciers : l'Antillais Patrick Chamoiseau et le Pakistanais Salman Rushdie. C'est pourquoi il préfère parler d'un roman du Sud ou « au-dessous du 35e parallèle ». Il définit cette « grande culture romanesque » par « un extraordinaire sens du réel lié à une imagination débridée ». Garcia Márquez et Fuentes apparaissent au détour d'une phrase. C'est pour aussitôt définir un principe de cette nouvelle imagination : « la tropicalisation du roman ». Et, citant un passage de Salman Rushdie, il en vient à opposer une Europe de « la quotidienneté poussée à l'extrême » et de la « grisaille » à « une culture de l'excès ». Ces romans « créés au-dessous du 35e parallèle » sont « le prolongement du roman européen ». Ils sont « étonnamment proches de ses sources premières ». Et sous les tropiques Kundera voit pousser « la vieille sève rabelaisienne », la grande leçon du rire.

Est-il possible de trouver pour ce roman nouveau d'autres fondements que le plaisir personnel de la lecture et la fidélité à une substantifique moelle trop francocentriste au goût de certains? Carlos Fuentes, qui a aussi longuement réfléchi sur l'histoire du roman qu'il fait partir de Cervantès, donne des éléments de réflexion dans une collection d'essais (sur Borges, Goytisolo, Roa Bastos, Milan Kundera, Julian Barnes, Italo Calvino, Salman Rushdie et quelques autres) sous le titre : *Geografia de la novela* (Alfaguara, 1993). Il part d'une littérature mondiale qui n'est plus la *Weltliteratur* de Goethe, mais celle qui est faite de toutes les différences : belle leçon de vrai comparatisme! Il se réjouit de voir que de grandes œuvres sont écrites dans la langue des anciens colonisateurs. Le vieil idéal colonial anglais (*the Empire writes black*) s'est réalisé, mais pour que chaque nation apporte sa contribution particulière. Il n'y a pas de roman tropical pour Fuentes, mais des romans du monde entier, Que disent-ils? Que nous ne sommes pas encore. Que nous sommes en train d'être. Qu'il importe de le dire, de l'exprimer par le roman, « ouverture simultanée vers le futur et le passé, à travers l'imagination verbale ». C'est pourquoi il considère que le langage est « la racine de l'espérance » (et non, comme dans un certain Occident, notre pire ennemi), que le romancier, l'artiste doivent « imaginer » et que le roman « crée des compléments verbaux du monde ». Ou encore : « il ajoute quelque chose au monde. »

C'est une autre géographie du roman qu'il faut à présent parcourir. Non pas pour tracer d'autres histoires, mais pour examiner, parallèlement aux formes européennes, d'autres formes, d'autres naissances.

IV

LE TOUR DU MONDE DU ROMAN

 Autres noms ou autres formes ?

Un parcours nécessairement rapide des littératures orientales (Inde, Proche et Extrême-Orient) fait découvrir diverses manifestations de prose narrative qu'il semble difficile ou arbitraire de considérer comme des formes possibles de roman. Le mot est pourtant souvent employé par les histoires de la littérature ou la critique. Aussi doit-on proposer, non sans prudence, quelques mises au point.

1) La littérature chinoise connaît depuis le IIᵉ siècle un genre appelé *xiaoshuo* (*xiao* : petit, mineur ; *shuo* : discours ou théorie). Le terme désigne des écrits mineurs par leur dimension, leur conception ou leur contenu. C'est la dixième et dernière catégorie d'ouvrages que distingue le lettré Ban Gu (IIᵉ siècle de notre ère). Il renvoie par la suite à des anecdotes en langue écrite, au conte oral, à la fiction en langue vulgaire, incluant le théâtre. Toutes ces acceptions sont liées par leur fonction de divertissement. Le texte le plus ancien où les deux mots apparaissent est le *Zhuangzi* de Zhuang Zi (IVᵉ siècle av. notre ère) qui offre, à côté de discours philosophiques, les premiers aspects d'une fiction narrative (cf. *L'Œuvre complète de Tchouang-tseu*, trad. K. Liou, Paris, Gallimard, 1969). Jusqu'au XVIIᵉ siècle, le terme désigne des textes courts en langue vulgaire qui s'opposent aux romans longs (*pinghua* ou *cihua*). Par la suite, et jusqu'au XIXᵉ siècle, il définit un certain type de fiction ou de roman traditionnel, opposé précisément au roman occidental. Si l'on suit le développement de la fiction en Chine, de la fin de

la dynastie des Han (220) à l'avènement des Ming (1368), on relève des contes et des nouvelles. Mais il faut attendre le XVe siècle pour voir de longs textes qui peuvent être tenus pour l'équivalent occidental de romans.

2) Dans la littérature en sanskrit, il serait inutile de minimiser la part considérable prise par les textes religieux (*veda*), les épopées (*Mahabharata* et *Ramayana*), leurs adjonctions (*Bhagavad Gita*). Viennent ensuite, dans la hiérarchie des genres, les contes (la *Brhatkatha* ou *Grand Récit*, daté du IIIe siècle de notre ère et le *Kathasaritsagara*, ou *Océan des rivières de contes* du IXe siècle, 22 000 distiques) qui est en fait un résumé du premier, enfin des compositions savantes qui peuvent être appelées romans : ce sont des contes « allongés », ou « démesurément agrandis » (*EU*). On a pu lire le récit principal du *Kathasaritsagara*, l'histoire de Naravahanadatta, fils du roi de Vatsa, comme un roman merveilleux, un roman de mœurs, un roman d'amour et un roman d'apprentissage et d'initiation (*DUL*). Mais, s'il faut parler de roman, on retiendra plutôt trois œuvres du VIIe siècle et, détail significatif, trois noms. Précisons : de poètes et non de « romanciers ».

Le plus célèbre et sans doute le précurseur est un certain Dandin qui aurait vécu à la cour du roi de Kanci (VIIe siècle). Il est l'auteur de divers traités et d'un manuel de poétique. Son *Dasakumaracarita*/*Histoire des dix princes* a connu quelques déboires (début et fin perdus, fin d'une autre main). Le texte est principalement l'histoire des aventures et des conquêtes du prince Rajavahana, l'un des dix enfants qu'élève le roi Rajahamsa, en exil. La dernière partie est occupée par les récits que font les sept compagnons de Rajavahana, histoires de conquête d'un royaume et de séduction d'une princesse. L'œuvre met en scène un nombre impressionnant de personnages. Elle offre un sens du pittoresque évident, un goût du portrait, et obéit à une structure « à tiroirs » empruntée aux contes. Un des quatre *Contes indiens* de Mallarmé est emprunté au roman de Dandin. Il existe une traduction en anglais (Delhi, 1966).

Bana, issu d'une famille de Brahmanes du Nord de l'Inde, a vécu à la cour du roi Harsa (606-648). Il a écrit en prose, mais il s'agit d'une prose poétique. Si le *Harsacarita* oscille entre l'autobiographie et la chronique royale, *Kadambari* est le nom d'une jeune princesse dont les amours et les aventures constituent une partie d'une longue histoire à tonalité merveilleuse, voire mythique : l'argument est emprunté à la *Brhatkatha*. Enfin, Subandhu, sur lequel on ne sait rien, a écrit l'histoire de Vasavadatta, nom de l'héroïne dont les aventures doivent encore beaucoup à la littérature traditionnelle (folklore, contes). Outre la trajectoire étonnante dessinée par Dandin, on retiendra que *Kadambari* est devenu en langue kannada moderne le nom du genre qui désigne le roman.

3) Le *monogatari* désigne dans la littérature japonaise des œuvres narratives en prose (X^e-XIIe siècle). Le mot est composé de *Mono* (« chose ») et *katari*, thème verbal qui signifie « dire quelque chose à quelqu'un, raconter ». On considère que le *Taketori monogatari/Histoire du coupeur de bambous* (traduit par R. Sieffert, Bulletin de la Maison franco-japonaise, 1952) est l'« ancêtre » du genre et même « l'ancêtre de tous les romans ». Mais le récit qui retient l'attention est le *Genji monogatari* (vers 1000, trad. *Le dit du Genji* de R. Sieffert, Paris, PUF, 1988, 2 vol.). Son auteur est une femme, Murasaki Shikibu, dame de cour de l'impératrice Akiko, épouse d'Ichijô (987-1011). Histoire de la vie amoureuse du Genji (titre honorifique attribué aux enfants d'empereurs écartés de la succession au trône), texte à dimension politique (il devient ministre de l'empereur qui est son fils), le « chef-d'œuvre absolu des lettres japonaises » est aussi « l'un des plus grands romans d'analyse psychologique jamais écrit, le plus ancien à coup sûr des romans "modernes" » selon le jugement de R. Sieffert qui s'empresse de préciser que le mot « roman » est à prendre dans une optique de « littérature générale ». La postérité du *Genji* est considérable : une centaine de textes dont il ne reste qu'une soixantaine racontent « les amours de héros nobles et beaux, amours contrariées tant par le destin que par la faiblesse inhérente à la nature humaine » (Pigeot, 1983 : 29).

4) Dans la littérature arabe, la prose rimée (le *sadj'*), se développe à partir du IIe siècle de l'Hégire, à l'initiative de fonctionnaires de l'administration d'origine persane. Un genre se crée, la séance ou *maqâma* (pluriel *maqâmât*) dont al-Hamadhânî (968-1008), originaire de Hamadhân, est le véritable créateur. Son personnage célèbre, al-Iskandârî, le « rustre à la parole d'or » selon la traduction de R. Blachère, est un marginal qui utilise son beau parler pour trouver des moyens de subsistance. Bohème, parasite, mais cultivé, il est celui grâce auquel défile une galerie de types

sociaux. Sur les quatre cents séances, il n'en reste que cinquante-deux (*Maqâmât*, trad. R. Blachère, Paris, Klincksieck, 1957). Le genre va être cultivé, mais il s'achève avec al-Harîrî (1054-1122) qui l'exploite à des fins oratoires : l'auteur sera utilisé dans l'enseignement. La *maqâma* connaîtra un renouveau au XIXᵉ siècle, avec Nasif al-Yazigi (1800-1871) et surtout al-Muwayhili (1868-1930) qui s'approche du pastiche et de la parodie.

Quelle que soit la zone littéraire envisagée, aucun genre ne peut prétendre à une antériorité par rapport au corpus dit « roman grec ». Au reste, il y a quelque paradoxe à parler de roman pour ne pas accorder à l'Europe ou à l'Occident la seule prérogative de la naissance et du développement de ce genre et laver les études de littérature générale de tout péché d'européocentrisme. Or on utilise un mot occidental pour désigner des productions fort diverses dont la filiation avec le conte et l'oralité sont évidentes : n'est-ce pas tomber dans une autre forme d'européocentrisme ?

Il faut cependant reconnaître que dans le cas de la littérature sanskrite, la tentation est forte de faire un parallèle avec le roman grec ou le roman courtois. Quant au Genji, le passage de l'oral à l'écrit, la lecture à haute voix, le contexte de cour invitent à un parallèle avec Chrétien de Troyes, avec antériorité pour le récit japonais.

 Romans européens et romans orientaux : des parallèles possibles ?

Des parallèles sont d'autant plus possibles que des influences existent entre lettres occidentales et littératures d'Orient, spécialement celle de la Perse classique (IXᵉ-XIᵉ siècles). Celle-ci compte plusieurs poètes épiques de première importance : Abolqâsem Ferdowsi, Nezâmi et Fakhroddin As'ad Gorgâni. Le premier est l'auteur du *Shâhnâmeh/Le Livre des rois* (50 000 distiques de 22 syllabes) qui traite de la totalité de l'histoire de l'Iran, depuis ses origines jusqu'à l'installation de l'islam. On y retrouve l'histoire du règne d'Eskandar (c'est-à-dire Alexandre) et de ses pérégrinations, d'après le *Roman d'Alexandre*, sans doute dans une version qui a circulé en Orient (voir question 9). Mais il s'agit plutôt d'une œuvre épique que d'un roman. Le second, Nezâmi (1141-1209), né et mort à Gandja (Azerbaïdjan), reprend dans trois de ses « romans » des figures du *Livre des rois*. Dans son *Eskandar-nâmeh/Roman d'Alexandre*, achevé en 1203, ce sont des considérations politiques et historiques qui prédominent : l'ouvrage (10 000 distiques) est considéré comme l'un des textes fondateurs de la tradition orientale des romans d'Alexandre. D'autres « romans » en vers sont des histoires d'amour qui inciteraient à faire un parallèle purement chronologique avec Chrétien de Troyes : *Khosrow et Shirîn*, (*Le Roman de Chosroès et Chîrîn*, trad. H. Massé, Paris, Maisonneuve, 1970), histoire des amours du roi d'Iran et de la reine d'Arménie et surtout *Leyla et Madjnun* (4 700 distiques) dont la fortune en Orient sera considérable. Enfin, Fakhroddin As'ad Gorgâni, fonctionnaire à la cour d'Ispahan, est l'auteur du premier grand roman courtois en vers, *Vîs et Ramin*, achevé en 1054 à partir d'une version ancienne qui a été aussi à l'origine d'un « roman » en géorgien du XIIᵉ siècle. L'histoire des amours de la princesse Vîs et du beau Ramin (*Le Roman de Vîs et Ramin*, trad, H. Massé, Paris, 1959) n'est pas sans rappeler, dans sa trame, comme dans ses épisodes et ses personnages, la légende de Tristan et Iseut. La thèse de l'influence persane a pu être soutenue (Gallais, 1974).

La littérature arabe offre un genre original de prose narrative, la *sîra* ou biographie, vie romancée qui renvoie aussi aux romans populaires de chevalerie et d'aventures transmis par des conteurs professionnels. On a pu comparer cette forme dans ses développements modernes, par ses procédés, aux romans-feuilletons (*DUL*). Mais le corpus à l'origine (XIIᵉ siècle) comprend une douzaine de titres parmi lesquels on doit retenir *Le Roman d'Antar*, qui conte les aventures du guerrier et poète du VIIᵉ siècle et ses amours avec Abla, l'amante courageuse et pudique. Le personnage est resté très populaire dans le monde arabe et en Afrique. Lamartine a donné une adaptation très approximative d'une œuvre immense (éd. du Caire, 1890-1895, 16 vol.) aux innombrables variantes. On ne saurait oublier d'autres « romans » de la même veine : le *Baybar*, le *Sayf* et le *Dhû l-Himma*. Dans ce dernier texte (« imagination débridée et rocambolesque du conteur », « sens du suspense ») où sont évoquées des guerres entre musulmans et byzantins du VIIᵉ au IXᵉ siècle, on a relevé d'importants parallélismes avec le roman populaire byzantin de Dighénis Akritas. Dans un genre tout différent, relevant du roman philosophique, il faut signaler le cas d'Ibn Tuffayl (mort en Espagne en 1186) auteur d'un ouvrage *Hayy ibn Yaqzân/Le Vivant Fils du vigilant*. Ce traité de méditation spirituelle a pu être connu du jésuite Baltasar Gracián (1601-1658) et avoir inspiré le cadre général de son célèbre *Criticón/Somme de critiques*, admiré par Schopenhauer et V. Jankélévitch.

En dépit de son originalité, le roman japonais du XVIIᵉ siècle a pu susciter quelques parallèles pour permettre à des esprits occidentaux de mieux le situer. L'œuvre d'Ihara Saikaku (1642-1693) qui marque les débuts du roman « moderne » au Japon est présentée comme la « naissance du roman de mœurs » (Pigeot, 1983 : 51) ou comme « une sorte de Comédie humaine de son temps » (*DUL*). La nouvelle situation culturelle (généralisation de l'imprimerie, langue modifiée), le genre inauguré, le *ukiyo-zôshi*, ou les sous genres qui permettent de classer une vingtaine d'ouvrages sont cependant montrés dans leur spécificité. On peut dire que Saikaku a l'ambition d'écrire un *Monogatari* bourgeois et moderne, exploitant volontiers les thèmes galants et prenant la ville d'Osaka comme cadre. L'inspiration devient plus moralisante par la suite, mais les deux fondements de la société de son temps (le sexe et l'argent) demeurent les thèmes essentiels. Parallèlement et postérieurement à cette œuvre, se développent jusqu'au XXᵉ siècle, avec les *yomi-hon* (livres à lire), une production foisonnante de contes, une tradition « rocambolesque » d'histoires qui concerne aussi le théâtre (*kabuki*) (*ibid.* : 54).

Reste le cas des romans chinois. C'est souvent l'originalité qui est mise en avant lorsqu'est abordé le roman chinois « classique » du XVᵉ au XVIIIᵉ siècle (dynasties Ming et Tsing ou Mandchoue), soit cinq œuvres essentielles.

1) Le *Xiyou ji* (*La Pérégrination vers l'ouest*, trad. A. Lévy, Gallimard, 1991) est de l'avis du traducteur « l'une des plus étranges de la littérature mondiale » (*DUL*). Son élaboration s'étendrait sur plusieurs siècles et la version définitive se situe vers 1570. Il s'agit des aventures du moine bouddhiste Xaunzang (602-664) jusqu'en Inde, à travers l'Asie centrale, escorté de quatre compagnons dont le plus célèbre est un singe volant. L'œuvre n'est pas seulement inclassable pour les Occidentaux : Hu Shi (1891-1962) la comparait à celle de Lewis Carroll.

2) Le *Sanguozhi yanyi* ou l'*Histoire des Trois Royaumes* (trad. revue par J. Lévi, Flammarion, 1987-1991) remonte à la seconde moitié du XIVe siècle mais présente en cent-vingts chapitres les événements qui vont de 184 à 280. On relève l'immense galerie de personnages et les valeurs morales au nom desquelles se battent les trois royaumes. Le texte sera remanié au XVIIe siècle et accentuera les oppositions idéologiques (réalisme politique *vs* humanisme confucéen).

3) Le *Shuihu zhuan* (*Au bord de l'eau*, trad. J. Dars, Gallimard, 1978), le plus célèbre, et d'abord en Chine, rédigé vers le XIVe siècle et remanié plusieurs fois au XVIIe siècle, exploite une matière qui remonte au XIIe siècle. Il s'agit de montrer les exploits d'une bande de nobles redresseurs de torts qui agissent « à la place du Ciel ». Le traducteur souligne l'alliance de la verve du conteur et des artifices de l'écrivain.

4) Le *Jin Ping Mei* (*Fleur en Fiole d'or*, trad. A. Lévy, Gallimard, 1985, 2 vol.), est un texte étonnant, largement tourné vers la peinture de mœurs et la sexualité (« insurpassé dans la description des comportements sexuels »). Aussi est-il encore difficilement accessible en Chine actuellement. Du point de vue poétique, sa construction unitaire, sa dimension critique et réaliste en font le premier roman « moderne ». Pourtant, il semble ne pas être d'une seule et même main ; quant à la thématique, elle a permis la comparaison avec le *Satiricon* de Pétrone. Sur bien des points, en particulier par sa vision du monde et sa tonalité, ce roman s'oppose au dernier grand classique.

5) Le *Honglou Meng* (*Le Rêve dans le pavillon rouge*, trad. Li Tchehoua et J. Alézaïs, Gallimard, 1981) de Cao Xueqin (1715-1763). Le texte a été édité en 1791 et a connu des modifications. Roman familial qui suit le déclin d'une grande famille, roman sentimental, roman d'amour (la tragédie d'un couple), qui illustre le destin tragique des jeunes filles de l'époque, il est aussi une fresque sociale impressionnante (cinq cents personnages), et développe plusieurs actions parallèles. Il s'agit d'un roman-somme dont on a souligné le caractère encyclopédique. Il a suscité de très nombreuses études au point de constituer ce que l'on a pu appeler la « hongologie ».

Sur cette tradition romanesque riche et diverse, l'ouvrage récent de J. Lévi apporte aux non-spécialistes de précieuses suggestions comparatistes. S'il n'hésite pas, ici ou là, à esquisser des parallèles (en particulier entre l'auteur du *Rêve dans le pavillon rouge* et Proust), il propose plusieurs axes de lecture différentielle. Il souligne le caractère inachevé de tout roman chinois : « tout le problème est que leur perfection réside dans leur incomplétude. » (Lévi, 1995 : 123). Il montre les rapports complexes entre histoire et roman, tantôt l'histoire est « rattrapée » par le roman, tantôt le roman est « rattrapé » par l'histoire comme dans *Les Trois Royaumes*. Le roman chinois « présente une situation analogue au théâtre en Occident, irriguée constamment par les apports du mythe ». Et encore : « On peut presque dire qu'en Chine le mythe est le roman, qu'il l'a investi tant dans la forme que dans le contenu » (*ibid.* : 218). Enfin, l'amour « se confond avec la description un peu leste de la consommation charnelle » (*ibid.* : 355). Tout au plus, dans *Le Rêve dans le pavillon rouge*, plus proche à nos yeux de « la tradition romanesque occidentale », il joue le rôle de « contrepoint musical » (*ibid.* : 369).

Ce n'est pas un hasard si tous les exemples cités concernent des époques antérieures au XIXᵉ siècle. En effet, on voit un peu partout au cours de ce siècle se multiplier les influences occidentales bien réelles : elles donnent naissance à d'autres formes romanesques même si les modèles sont d'origine européenne.

Quelle place accorder aux modèles européens ?

Pendant tout le XIXᵉ siècle, en Amérique latine, et dans une moindre mesure en Amérique du Nord, en Inde, colonie anglaise, en Orient (spécialement au Japon après 1868) et dans le monde arabe (en Égypte surtout dans les dernières décennies), on assiste à la diffusion des littératures françaises et anglaises (voir question 34). Par modèles européens, dans l'optique du roman, il faut entendre prioritairement W. Scott, Balzac, Dickens et Zola. On ajoutera Chateaubriand pour l'Amérique latine. C'est dire le rôle capital joué par les traductions, soit en volumes, soit diffusées dans les revues ou dans les journaux, sous forme de feuilletons (voir question 28). Elles diffusent le roman occidental puis servent à l'élaboration de formes romanesques (romans historiques, romans de mœurs) et d'esthétiques romanesques (romantisme, réalisme, naturalisme).

Le Chilien Alfredo Blest Gana (1830-1920) donne au sous-continent les premiers exemples de romans « balzaciens » avec *Una Escena social/Une Scène sociale* (1853), puis *La Artimetica en el amor/L'Arithmétique en amour* (1860), *Martins Rivas* et *El Ideal de una calavera/L'idéal d'une tête brûlée*, tous deux en 1862. Au Brésil, *O Guarani* (1857) de Jose de Alencar (1829-1877) est le premier roman romantique « indianiste ». Même si l'auteur s'est toujours défendu d'avoir pris quelque inspiration chez Cooper (*Le Dernier des Mohicans*) et Chateaubriand, les références à cette tradition littéraire sont évidentes. C'est encore Chateaubriand, avec *Les Natchez*, et Cooper qui servent de modèles à Juan León Mera (1832-1894) pour donner le premier roman équatorien, *Cumanda* (1879). Les préceptes du roman naturaliste seront adoptés tant au Brésil (*O Mulato/Le Mulâtre* (1881) d'Aluisio Azevedo) qu'en Argentine avec *Sin rumbo/Sans but fixe* (1885) d'Eugenio Camba-ceres et *La Bolsa/La Bourse* (1898) de Julián Martel, inspiré de *L'Argent* de Zola.

En Inde, on assiste, parallèlement à la diffusion par l'école et par la presse de la langue anglaise, à des traductions en langues vernaculaires d'œuvres anglaises qui vont donner une impulsion à la prose. *Robinson Crusoe* est traduit en kannada en 1857, date à laquelle le roman, au sens occidental du terme, est quasiment inconnu. L'époque de la Renaissance (*Nahda*) en Égypte est marquée par l'apparition d'un roman à l'occidentale. A. Miquel (1993 : 117) note : « Ce qui lancera véritablement le roman dans les lettres arabes, ce sera, une fois encore, la traduction d'œuvres étrangères. Ce mouvement se poursuit de nos jours où Camus, Sartre et le roman moderne prennent le relais des générations anté-rieures, anglaises, américaine, françaises ou russes. » Les traduc-tions favorisent le développement d'une langue nouvelle. L'Égyp-tien al-Manfalûti (1876-1924) se fait traduire des ouvrages français et les récrit, parfois même les commente dans une langue rythmée qui fait son succès (Bernardin de Saint-Pierre, Chateaubriand, Alphonse Karr...). Mais son compatriote Jirjî Zaydân (1861-1914), maître du roman historique, avec une vingtaine de romans, suit la leçon d'Alexandre Dumas et exploite la matière musulmane du Moyen Âge et des temps modernes. Il faut attendre 1914 pour discerner un tournant significatif avec *Zaynab* de Muhammad Husayn Haykal (1888-1956). Mais ce dernier suit l'esthétique réaliste du XIXᵉ siècle occidental. Le cas de la Turquie est exemplaire. On traduit de 1860 à 1875, le *Télémaque, Les Misérables, Robinson Crusoe, Le Comte de Monte-Cristo, Le Diable boiteux* et *Les Mystères de Paris*. Viendront ensuite les premières manifestations d'un roman moderne qui s'ouvre à l'Occident sans oublier les sources nationales.

Au Japon, une nouvelle ère politique de modernisation s'ouvre en 1868 (Restauration de Meiji), mais il faut attendre une vingtaine d'années pendant lesquelles se multiplient les traductions françaises et anglaises pour qu'apparaisse vers 1885 un roman moderne. Tsubo-uchi Shôyô (1859-1935) emprunte au chinois le mot *xiaoshuo* (voir question 45) et le japonise (*shosetsu*) pour définir le roman moderne. Dans son ouvrage *La Quintessence du roman* (*Shosetsu shinzui*, 1885-86), il définit le but du nouveau genre : présenter de façon réaliste l'homme et son caractère, son contexte social et la vérité artistique et humaine (Pigeot, 1983 : 77). Il essaie de donner l'exemple, sans trop de succès, suivi par Futabatei Shimei (1864-1909). Mais il faudrait aussi mentionner le rôle capital d'intermédiaire joué par Mori Ogai (1862-1922) qui présente les théories naturalistes dans *Shosetsu-ron* (1889)/*Du roman*. La modernité se manifeste dans des romans feuilletons à succès comme *Konjiki yasha*/*Le Démon doré* de Ozaki Kôyô (1867-1903), la production foisonnante de Koda Rohan (1867-1947) qui laisse inachevée « une sorte de Comédie humaine » (*DUL*) de deux cents personnages. Le naturalisme est largement suivi, après la guerre russo-japonaise, et illustré par de nombreux romanciers. C'est Tayama Katai (1872-1930) avec *Futon*/*Le Matelas* (1907), roman à gros succès, qui saura allier l'esthétique naturaliste et la confession, la présentation « de la réalité brute de l'homme » (Pigeot, 1983 : 85).

Aussi bien au Japon qu'en Amérique latine, les modèles occidentaux vont entrer en concurrence dans la première moitié du XXᵉ siècle avec d'autres modèles : russes (Dostoïevski) ou américains (Faulkner). On notera cependant qu'au Brésil, le premier roman de Clarice Lispector (1925-1977), *Perto do coração selvagem* (1944)/*Près du cœur sauvage* (Éd. des Femmes, 1982) a pu être salué, après coup, par la critique (Alvaro Lins), comme le premier roman brésilien dans l'esprit et la technique de Joyce et de V. Woolf. En revanche, lorsque l'Uruguayen Juan Carlos Onetti (1909-1994) publie en 1939 son premier roman *El Pozo/Le Puits* (Bourgois, 1984), tenu, à juste titre, pour le début en Amérique hispanique d'un roman nouveau ou « moderne » (comme l'écrit Vargas Llosa, *Times Literary Supplement*, 14-XI-1968), il n'a pas lu *La Nausée* de Sartre et N. Sarraute s'achemine dans le même temps vers une nouvelle écriture.

Le roman français du XXᵉ siècle (Camus, Sartre, le roman de l'absurde, l'existentialisme) est évidemment suivi par les premières générations d'écrivains africains de l'époque coloniale. Le rôle de l'école a été là aussi déterminant et peut expliquer le roman réaliste ou le roman à thèse d'Afrique francophone avant et encore après les Indépendances (1960). Mais au tournant des années 1970, certains romanciers francophones, comme le Congolais Sony Labou Tansi (*La Vie et demie*, 1979) montrent qu'ils ont lu et assimilé le nouveau roman latino-américain. Ils l'utilisent alors que leur continent connaît, à un siècle de distance, la dictature militaire et le totalitarisme. Le long chapitre de l'influence des modèles français semble s'achever. D'autant plus qu'ils essayent d'écrire un roman nouveau avec un français libéré des contraintes académiques.

48 Romans nouveaux, langues nouvelles ?

On a vu comment les traductions ont permis au siècle dernier l'élaboration d'une langue nouvelle tandis que l'imitation des modèles occidentaux favorisait l'affirmation du réalisme tenu pour esthétique de la modernité, Ces deux principes s'appliquent à tout espace qui, du XIXᵉ au XXᵉ siècle, opère la modernisation de ses structures sociales et culturelles et fait entrer sa littérature dans une modernité marquée assez nettement par l'ouverture sur l'Occident.

C'est bien sûr le cas des pays arabes qui connaissent, toutes proportions gardées, une évolution comparable à celle des pays occidentaux lorsqu'ils sont passés du latin à la langue vulgaire. La *riwâya* ou récit, au sens large et moderne du terme, s'oppose désormais à la *qissa* (nouvelle) et au théâtre. Un certain réalisme (évocation des quartiers populaires du Caire) s'accompagne d'une expression plus proche du parler, comme chez l'Égyptien Naguib Mahfûz (né en 1912). Pour le Syrien Shakîb al-Djabirî (né en 1912), le choix du réalisme se double de lectures occidentales (Goethe, Freud). Chez les plus jeunes, de nouvelles procédures narratives montrent qu'ils ne sont pas étrangers aux recherches formelles occidentales (techniques cinématographiques) sans délaisser l'héritage culturel traditionnel (Tomiche, 1993).

Dans un pays comme le Brésil où les influences européennes et une tradition de culture « latine » avaient dominé la fin du XIXe siècle, le *Modernismo* de 1922 s'accompagne de spectaculaires et provocantes proclamations d'identité (manifestes anthropophagiques, entre autres). Du point de vue du roman, il faut mentionner l'étonnant phénomène que représente *Macunaima* (1928, trad. fr. de J. Thiériot, Flammarion, 1979) de Mario de Andrade (1893-1945). Sorte d'*Odyssée* brésilienne, c'est pour son auteur un « poème tragi-comique » et aussi un roman polyphonique, la rhapsodie de toutes les traditions culturelles qui ont fait le pays, un hymne dans une langue inventée à la gloire du nouveau héros « sans aucun caractère », symbole d'un nouveau pays multiracial. Ce travail d'exploration langagière sera poursuivi dans un autre esprit par João Guimarães Rosa (1908-1967) dans *Grande sertão : veredas* (1956, trad. fr. *Diadorim*, 1965). Dans cette immense confession faite à un inconnu par un chef de bande se déploie une langue qui devient expression poétique d'un espace (le *sertão* du Nordeste). Le romancier y a déposé les mythes et les légendes du monde entier, en particulier celui de la Clorinde du Tasse (le guerrier qui se révèle femme au moment de mourir) et celui du *Cratyle* de Platon, véritable mise en abyme d'une réflexion sur le langage, une des *veredas* (tracées) possibles dans un texte qui tient de l'épopée, du poème en prose et du roman-somme, expression achevée, forme instaurante de la modernité, au sens plein du terme.

Dans l'espace hispano-américain, le Cubain Alejo Carpentier qui a connu, grâce à son ami Robert Desnos, l'expérience surréaliste à Paris (1929-1939) pour s'en éloigner, cherche une langue nouvelle pour dire l'espace américain. Dans ce cas précis, le rejet d'un modèle français (le surréalisme) s'accompagne d'une esthétique nouvelle (le réel merveilleux, cf. *Chroniques*, Gallimard, 1983 : 342) et d'une langue à inventer. D'après lui, il n'y avait guère dans les années 1940 que trois romanciers qui avaient créé une langue pour dire leur espace : la pampa de l'Argentin Ricardo Güiraldes (1887-1927), la forêt amazonienne du Colombien José Eustasio Rivera (1889-1928) et les *llanos* du Vénézuela de Rómulo Gallegos (1884-1968). On ne saurait minimiser en effet le poids et l'influence de la Real Academia (l'Académie de la langue espagnole). L'Argentin Enrique Larreta crée un roman « moderniste » (*La Gloire de Don Ramire*, 1908) en ressuscitant un castillan du XVIIe siècle. Mais le tour d'Amérique de Carpentier peut paraître injuste et partial, et l'on peut lui opposer le roman de la ville qui « net » avec *Amalia* (1851) de l'Argentin José Mármol, roman politique (contre le dictateur Rosas). Buenos Aires et Mexico seront deux espaces amplement exploités. Cependant le problème soulevé par Carpentier remonte aux temps de la conquête, des chroniqueurs espagnols qui n'avaient pas de mots pour dire les choses et l'on se souviendra à cet égard du début de *Cent ans de solitude*. Au reste, on a déjà vu que le roman nouveau hispano-américain a été perçu comme l'émergence de nouvelles écritures (voir question 42). Il n'est pas faux de soutenir que le roman hispano-américain a pris depuis près d'un siècle une part importante dans le renouvellement du « castillan » et la reconnaissance de variantes nationales. Mais il en va de même entre français et francophonie, avec la présence d'écrivains périphériques par rapport au français normalisé (qu'on songe à la langue inventive, à la magie du verbe d'Albert Cohen, Juif de Corfoue) et l'émergence de romans nouveaux et de « différences » enrichissantes (Suisse, Québec, Maghreb, ces deux derniers espaces assez nettement influencés par les recherches formelles du nouveau roman).

Il est intéressant de relever que l'élaboration d'une langue nouvelle accompagne les « naissances » de romans nouveaux en Afrique et en Amérique du Nord. En Afrique francophone, l'Ivoirien Amadou Kourouma a enrichi le français par des apports de malinké, entreprise encore sans précédent pour cet espace linguistique : *Les Soleils des Indépendances* (1969-1970) peut à bon droit être considéré déjà comme un « classique ». Toutefois, l'esthétique grotesque et carnavalesque qui caractérise le roman nouveau d'Afrique (les Congolais Sony Labou Tansi et Henri Lopés, avec pour ce dernier *Le pleurer rire*, 1982, ou l'ex-Guinéen William Sassine pour

Le Zéhéros n'est pas n'importe qui, 1985) élabore une langue française nouvelle faite d'africanismes et de néologismes. Mais l'invention et la fantaisie verbales disent la faillite de toute littérature réaliste, d'engagement et sont là pour masquer l'angoisse du mal être, le tragique d'une situation politique sans issue.

Dans l'espace lusophone d'Afrique, des romanciers comme les Angolais Luandino Vieira et Pepetela ont largement métissé la langue portugaise. En Afrique anglophone, au Nigeria par exemple assez marqué par le réalisme (Chinua Achebe), l'invention langagière et l'anglais approximatif et faussement primitif d'un Amos Tutuola, avec *The Palm Wine Drinkard* (1952) ont su tenter Raymond Queneau (*L'Ivrogne dans la brousse*, 1953).

En Acadie, Antonine Maillet, influencée par Rabelais, a recréé une langue et donné des lettres de noblesse à sa petite patrie, en particulier en écrivant la geste des Acadiens remontant de Louisiane jusque dans leurs terres (*Pélagie la Charette*, 1979). Récemment, l'Antillais Patrick Chamoiseau, avec plusieurs romans (*Chronique des sept misères*, 1986 est son premier) a inventé un français créolisé qui a été accueilli avec quelque intérêt (prix Goncourt 1992 pour *Texaco*).

Ces phénomènes de réception critique enthousiaste amènent à s'interroger sur la valeur ou la fonction exactes de ces romans nouveaux. S'ils expriment ou illustrent un phénomène important, l'émergence de jeunes littératures, ils semblent exister par le succès et la reconnaissance hors des espaces qui les ont vu naître.

49 Romans non-européens mais succès occidentaux ?

Répondre à la question semble une fois encore accorder une place déterminante aux traductions, et aussi à la réalité économique des éditions. Le roman nouveau, issu d'un contexte culturel et linguistique minoritaire (langue de communication limitée), se fait reconnaître par les traductions qu'il suscite dans la petite demi-douzaine de langues qui composent le monde « occidental », européen et nord-américain. Il se fait reconnaître donc de et par ses anciens maîtres et colonisateurs. Ce phénomène concerne les romans écrits dans des langues de diffusion restreinte, mais aussi ceux des pays périphériques, ou plutôt définis comme tels par le centre qui reste l'Europe. On l'a vu à propos des romans du *boom*, presque tous édités en Espagne. Il en va de même pour les romans d'Afrique francophone, des Antilles, pris en charge par les éditeurs parisiens, pour les romans de l'Afrique anglophone diffusés par Heinemann de Londres.

Dans une perspective d'étude poétique, il faut lire ces textes en songeant non plus aux publics effectifs, mais aux lecteurs implicites qui les structurent et les organisent. Naguère, en régime colonial, le romancier africain écrivait obligatoirement pour deux lecteurs, son frère noir et le Blanc (il écrivait pour et contre lui, il le combattait et en appelait à sa conscience morale et critique). La situation a-t-elle substantiellement changé ? Un romancier hispano-américain ou africain est souvent un écrivain à plusieurs niveaux ou à plusieurs visages : il a des références inscrites dans un espace de naissance, un imaginaire local ; il écrit pour (ou mieux avec) un espace national, problématique, mais aussi continental ; il vise enfin une dimension internationale, non par stratégie éditoriale, mais par la logique même de son écriture. Le romancier « parisien » n'a pas les mêmes préoccupations. Mais il n'est pas sûr que la multiplication des lecteurs et des horizons d'attente soit un handicap, elle est peut-être un moyen de penser ce qui est impensable, impossible à poser comme base de réflexion : l'universel. Le mot alors se colore de fraternité ou d'internationalisme. Il semble, à voir les succès, que le message soit entendu.

Que seraient les romans de l'Albanais Ismail Kadaré reconnus du seul espace albanais ? Sans doute faut-il songer aussi au traducteur, l'étonnant bilingue Jussuf Vrioni. Peut-être faut-il aussi oser demander : que serait l'Albanie de nos jours sans Ismail Kadaré ? La Turquie ne doit-elle pas beaucoup à Yachar Kemal, rhapsode, conteur et romancier épique ? Des romans font naître et vivre des espaces de la vie de l'esprit. Zanzibar cesse d'être une ligne de cocotiers ou un bazar exotique avec le « premier » roman en zwahili d'Adam Shafi Adam (*Les Girofliers de Zanzibar*, Karthala, 1986). Nuruddin Farah est le premier Somalien qui rompt avec l'oralité. Obligé d'interrompre son feuilleton à Mogadiscio, il réussit à se faire éditer par Heinemann (*Sweet and Sour Milk/Du Lait aigre-doux*, éd. Zoé, 1994), premier volet d'une trilogie sur la dictature. Sâlih Tayyib donne au Soudan une place de choix dans la littérature arabe contemporaine. Avec *Saison de la migration vers le Nord* (1969, trad. fr. Sindbad, 1972), traduit dans plusieurs langues, il pose le problème des rapports entre Orient et Occident sur des bases nouvelles. Que vaudrait le combat de Taslima Nasreen (*Lajja/La Honte*, 1994) s'il n'était pas sorti de l'espace bangladais qui est pourtant celui des femmes auxquelles elle a prioritairement pensé ? Que seraient les romans de Salman Rushdie s'ils n'avaient pour public que les lecteurs de Bombay pour *Midnight's children/ Les Enfants de minuit*, ou pakistanais pour *Shame/La Honte* ou *The Satanic Verses/Les Versets sataniques* ?

On dira qu'ils ont été écrits, eux et d'autres (songeons à ceux de Naipaul), pour un large public, sans pour autant tomber dans une écriture de large et immédiate communication. La réponse redonne force et validité à la question posée. Elle peut être reformulée en ces termes : pourquoi et comment des romans qui ont pour légitime ambition d'affirmer le plus totalement leur singularité, leur originalité peuvent dire aussi quelque chose d'explicitement humain à d'autres hommes, au plus grand nombre possible ? Une telle question est peut-être au cœur du roman hors d'Europe dont parlait Milan Kundera (voir question 44). Elle serait l'expression même du défi que s'est posé le romancier, elle présiderait à la poétique d'un nouveau type de roman non-européen. On comprendrait alors mieux le succès que lui fait l'Occident qui paraît avoir oublié ou mis sous le boisseau un tel enjeu, à la fois esthétique et éthique.

EN GUISE DE CONCLUSION

 Le roman phénix littéraire ?

Au milieu de tant de morts annoncées, de renaissances élaborées et de naissances orchestrées, le roman ne serait-il pas, dans le système littéraire actuel, tous pays confondus, le genre phénix, promis à de perpétuelles renaissances ? On aurait tort de voir dans cette question une pirouette de conclusion, facile ou plate. De nos jours une renaissance de l'épopée est improbable. La recherche impossible d'une tragédie n'est pas d'ordre formel mais relève d'une histoire de l'imaginaire : notre temps s'est éloigné de toute idée de transcendance. Depuis longtemps, que de genres poétiques ont été enterrés ! On dira qu'on n'écrit plus de romans pastoraux ni de romans de chevalerie. Mais la disparition de sous-genres a été largement compensée par d'autres « naissances » : on ne saurait en dire autant du théâtre ou de la poésie.

Périodiquement, la menace de la mort du roman est brandie. On devrait préciser : la mort de certaines formes romanesques. Dans *Nadja*, Breton prophétise que « fort heureusement les jours de la littérature psychologique à affabulation romanesque sont comptés ». Mais une forme, au sens poétique du terme, peut toujours ressusciter... sous une autre forme. Il est cependant aujourd'hui des expressions culturelles et des pratiques qui sont des menaces effectives pour « le » roman. À juste titre, J. Laurent (1977 : 210-211) en identifie, à sa manière, deux : « l'engouement du grand public pour le vrai, l'authentique, le cru, le vécu » et la tendance à « dissoudre toute littérature dans la critique ». L'information, tout moyen d'information tue le roman qui prétend ouvrir à la vérité par l'histoire inventée et qui, à partir de celle-ci, vise à un autre mode de connaissance et d'intelligence. Le roman, aujourd'hui, en compétition avec les images, est ce qui assure le « droit de rêver », pour employer les mots de Bachelard. Phénix, sans doute, mais en respectant les fondements et les raisons d'être de ladite fable, sous peine de voir s'anéantir et la fable et ce qui lui assure sa survie, fût-elle la fable du phénix

Il y a dans *Les Mots* un hymne superbe, naïf, émouvant que Sartre adresse au romanesque de son enfance : « Griselidis pas morte. Pardaillan m'habite encore. Je ne relève que d'eux qui ne relèvent que de Dieu et je ne crois pas en Dieu. Allez vous y reconnaître. » On reconnaît plutôt l'idée maîtresse du début (voir question 3) : le romancier, à l'instar du créateur, dispose du temps, de tout le temps pour raconter une histoire et faire naître le roman. À partir de tout ou de rien : une journée, un immeuble, une rue, un amour, une vie... et même une marquise qui aurait décidé de sortir à cinq heures, si tel est son bon désir. Comme l'écrit Jean Giono dans *La Chasse au bonheur*, parlant de la peinture et pensant aussi au roman : « Quand on n'ose plus raconter d'histoires, même pas celle d'une pomme sur une nappe, on use son temps à enfiler des mots comme des perles ; pour fuir l'Angelus de Millet, on tombe dans la toile cirée de Mondrian. Or ce n'est pas l'anecdote qui est stérile : c'est l'anecdotier. »

C'est pourquoi la fameuse crise du roman, qui ne date pas d'hier, mais qui semble avoir pris aujourd'hui quelque acuité, relève moins de problèmes techniques ou de choix esthétiques que de la remise en question, au demeurant périodique, pour des raisons extra-littéraires, d'ordre philosophique ou politique, au sens large, de l'imagination créatrice, de sa nature et de son pouvoir, de la capacité fabulatrice (et fabuleuse) de l'homme qu'on peut appeler pédantesquement morphopoïétique. Plus profondément, des rapports entre le monde et l'homme, qu'il soit créateur ou lecteur. Le roman, à regarder son histoire, ne cultive ni la nouveauté ni la tradition en soi, ni l'innovation systématique ni l'imitation indifférenciée : il vise à fonder, à instaurer un autre monde, un monde second.

La prétendue réflexion sur l'écriture consiste aujourd'hui à valoriser artificiellement celle-ci au détriment de la narration, *a fortiori* du romanesque, à démystifier toute littérature en laissant les échafaudages sur la façade (les traces de l'écriture) ou en entretenant avec le lecteur une relation prétendument ludique. Soit deux façons de démystifier toute littérature, et de nier tout roman. D'abord, en l'éloignant du mythe, nous parlions de fable, en l'écartant de tout récit (la « substance » du mythe, selon Lévi-Strauss, est à chercher dans « l'histoire qui y est racontée »). Ensuite, en le privant de la fonction qu'avait jadis le mythe et qu'il peut revendiquer, selon l'intuition du critique , puisque tous deux appartiennent au monde que l'homme construit et non au monde qu'il voit. Par la fable, écrite, peinte, sculptée, interprétée, antique ou moderne (le roman), l'homme s'invente une histoire qui est aussi un élément de médiation et de compréhension du monde dans lequel il lui a été donné de vivre.

BIBLIOGRAPHIE

ALBÉRES René Marill, *Métamorphoses du roman*, Paris, Albin Michel, 1972.

ALTER Robert, *Partial Magic : The Novel as a Self-conscious Genre*, Berkeley, Univ. Californie, 1975.

ANOZIE Sunday O., *Sociologie du roman africain*, Paris, Aubier-Montaigne, 1970.

ARRIGHI P., *Le Vérisme dans la prose narrative italienne*, Paris, Boivin, 1937.

AUERBACH Erich, *Mimesis* (1946), Paris, Gallimard, 1968.

AVALLE-ARCE Juan B., *La novela pastoril española*, Madrid, Istmo, 1974.

BAKHTINE Mikhaïl, *Esthétique et théorie du roman*, Paris, Gallimard, 1978.

BARDON Maurice, *Don Quichotte en France au XVIIe et au XVIIIe siècle*, Paris, Champion, 1931.

BARTHES Roland, *Le Degré zéro de l'écriture* (1953), Paris, Éd. du Seuil, 1972.

—, *Essais critiques*, Paris, Éd. du Seuil, 1964.

—, *Leçon*, Paris, Éd. du Seuil, 1978.

BAUMGARTNER Emmanuèle, *Le « Tristan en prose ». Essai d'interprétation d'un roman médiéval*, Genève, Droz, 1975.

BERTAUD Madeleine, *L'Astrée et Polexandre. Du roman pastoral au roman héroïque*, Genève, Droz, 1986.

BESSIÈRE Jean (dir.), *Commencements du roman*, Paris, Champion, 2001.

BILLAULT André, *La Création romanesque dans la littérature grecque à l'époque impériale*, Paris, PUF, 1991.

BONN Charles, *Le Roman algérien de langue française*, Paris, L'Harmattan, 1985.

BORIE Jean, *Zola et les mythes*, Paris, Éd. du Seuil, 1971.

BOUCÉ Paul Gabriel, *Les Romans de Smollett*, Paris, Didier, 1971.

BOURNEUF Roland et OUELLET Réal, *L'Univers du roman*, Paris, PUF, 1972.

BOYER A.-M., *La Paralittérature*, Paris, PUF, Que sais-je ? n° 2673.

BRUNEL Pierre, *Glissements du roman français au XXᵉ siècle*, Paris, Klincksieck, 2001.

BUTOR Michel, *Essais sur le roman*, Paris, Gallimard, 1964.

CABAU Jacques, *La Prairie perdue. Le roman américain*, Paris, Éd. du Seuil, 1981.

CADOT Michel (dir.), *E.-M. de Vogüé, le héraut du roman russe*, Paris, Institut d'Études slaves, 1989.

CALINESCU M. et FOKKEMA D. (dir.), *Exploring Postmodernism*, Amsterdam-Philadelphia, John Benjamins Publ., 1987.

CANNONE Belinda, « Qu'est-ce que le monologue intérieur ? », *Quai Voltaire*, hiver 1992, n° 4.

CAZAMIAN Madeleine, *Le Roman et les idées en Angleterre (1860-1914)*, Paris, Les Belles lettres, 1955.

CHARTIER Pierre, *Introduction aux grandes théories du roman*, Paris, Bordas, 1990.

CHÉNETIER Marc, *Au-delà du soupçon. La nouvelle fiction américaine de 1960 à nos jours*, Paris, Éd. du Seuil, 1989.

CHÉNIEUX-GENDRON Jacqueline, *Le Surréalisme et le roman (1922-1950)*, Lausanne, L'Âge d'Homme, 1983.

CHEVALIER Maxime, *L'Arioste en Espagne (1530-1650)*, Bordeaux, 1966.

CHEVREL Yves, *Le Naturalisme*, Paris, PUF, 1982.

CHEVRIER Jacques, *Littérature nègre*, Paris, Armand Colin, 1984.

CLERC Jeanne-Marie, *Littérature et Cinéma*, Paris, Nathan, 1993.

COHEN SOLAL Annie, *Sartre (1905-1980)*, Paris, Gallimard, 1985.

COHN Dorrit, *La Transparence intérieure. Modes de représentation de la vie psychique dans le roman*, Paris, Éd. du Seuil, 1981.

COULET Henri, *Le Roman jusqu'à la Révolution*, Paris, Armand Colin, 1967.

— (dir.), *Idées sur le Roman. Textes critiques sur le roman français (XIIᵉ-XXᵉ siècle)*, Paris, Larousse, 1992.

COUSTILLAS Pierre *et al.*, *Le Roman anglais au XIXe siècle*, Paris, PUF, 1978.

CROS Edmond, *Protée et le Gueux*, Paris, Didier, 1967.

CURTIUS Ernst-Robert, *La Littérature européenne et le Moyen Âge latin*, Paris, PUF, 1956, rééd. Agora, 2 vol.

DÄLLENBACH Lucien, *Le Récit spéculaire*, Paris, Éd. du Seuil, 1977.

DÉMORIS René, *Le Roman à la première personne*, Paris, Armand Colin, 1975.

Dictionnaire des Œuvres (éd. Laffont-Bompiani), Robert Laffont, coll. « Bouquins », 6 vol.

Dictionnaire universel des Littératures (éd. B. Didier), PUF, 1994, 3 vol. (abr. : *DUL*).

DUMÉZIL Georges, *Du mythe au roman*, Paris, PUF, coll. « Quadrige », 1970.

Encyclopedia Universalis (abr. : *EU*).

ÉTIEMBLE René, *Essais de littérature (vraiment) générale*, Paris, Gallimard, 1975.

EZQUERRO Milagros, *Théorie et fiction. Le nouveau roman hispano-américain*, Études critiques, Univ. Montpellier III, 1983.

FLUCHÈRE Henri, *L. Sterne. De l'homme à l'œuvre*, Paris, Gallimard, 1961.

FOCILLON Henri, *Vie des formes* (1934), Paris, PUF, coll. « Quadrige », 1993.

FORSTER E. M., *Aspects du roman* (1927), Paris, Christian Bourgois, 1993.

FRAPPIER Jean, *Amour courtois et Table Ronde*, Genève, Droz, 1973.

FUSILLO Massimo, *Naissance du roman*, Paris, Éd. du Seuil, 1991.

GALLAIS Pierre, *Genèse du roman occidental. Tristan et Iseut et son modèle persan*, Paris, Éd. du Sirac, 1974.

GALLIX François, *Le Roman britannique du XXe siècle*, Paris, Masson, 1995.

GARCIA GUAL Carlos, *La Antigüedad novelada*, Barcelone, Anagrama, 1996.

GÉGOU Fabienne (éd.), *Lettre-traité de P.-D. Huet sur l'origine des romans*, Paris, Nizet, 1971.

GENETTE Gérard, *Figures III*, Paris, Éd. du Seuil, 1972.

—, *Introduction à l'architexte*, Paris, Éd. du Seuil, 1979.

—, *Palimpsestes*, Paris, Éd. du Seuil, 1982.

— *et al., Théorie des genres*, Paris, Éd. du Seuil, 1986.

GÉRARD René, *Mensonge romantique et vérité romanesque*, Paris, Grasset, 1961.

GERMER Helmut, *The German Novel of Education (1792-1805)*, Berne, Lang, 1968.

GOLDENSTEIN Jean-Pierre, *Pour lire le roman*, Bruxelles, Paris, Duculot, 1995.

GOLDMANN Lucien, *Pour une sociologie du roman*, Paris, Gallimard, 1964.

GONDEBEAUD Louis, *Le Roman « picaresque » anglais (1650-1730)*, Lille III, Champion, 1979.

Grand Atlas des Littératures (Le), Éd. Encyclopedia universalis, 1990.

GRANDEROUTE Robert, *Le Roman pédagogique de Fénelon à Rousseau*, Berne, Lang, 1983, 2 vol.

GRIMAL Pierre (éd.), *Romans grecs et latins*, Paris, Gallimard, « Bibliothèque de la Pléiade », [1958] 1986.

HAMON Philippe, *Introduction à l'analyse du descriptif*, Paris, Hachette, 1981.

HENRIQUEZ UREÑA Pedro, *Las corrientes literarias en la América latina*, Mexico, FCE, 1949.

Histoire des Littératures, éd. R. Queneau, Gallimard, « Bibliothèque de la Pléiade », 2 vol.

HOURCADE Philippe (dir.), *Du Plaisir. Sentiments sur les lettres et sur l'Histoire*, Genève, Droz, 1975.

HUBY Michel, *L'Adaptation courtoise en Allemagne au XIIe et au XIIIe siècle*, Paris, Klincksieck, 1968.

JOUVE Vincent, *La Poétique du roman*, Paris, Sedes, 1997.

KRISTEVA Julia, *Le Texte du roman*, La Haye, Mouton, 1970.

KUNDERA Milan, *L'Art du roman*, Paris, Gallimard, 1986.

LAURENT Jacques, *Roman du roman*, Paris, Gallimard/Idées, 1977.

LEBAILLY Monique, *La Science-Fiction avant la S.F.*, Paris, L'Instant, 1989.

LEONARD Irving, *Los libros del Conquistador, (The books of the Conquistador)*, La Havane, Casa de las Américas.

LEVER Maurice, *La Fiction narrative en prose au 17e siècle.*, Paris, CNRS, 1976.

LÉVI Jean, *La Chine romanesque. Fictions d'Orient et d'Occident*, Paris, Éd. du Seuil, 1995.

LÉVY Maurice, *Le Roman gothique anglais (1764-1824)*, Toulouse, Espic, 1968.

—, *La Littérature narrative d'imagination* (Strasbourg, 1959), Paris, PUF, 1961.

LUKÁCS Georges, *La Théorie du roman*, Paris, Gonthier, 1963.

—, *Le Roman historique*, Paris, Payot, 1965.

MACÉ Marie-Anne, *Le Roman français des années 70*, Presses Univ. de Rennes, 1995.

MACKEON Michael, *The Origins of the English Novel (1600-1740)*, Baltimore, John Hopkins Univ. Press, 1988.

MAGNY Claude-Edmonde, *Histoire du roman français depuis 1918*, Paris, Éd. du Seuil, 1950.

MAY Georges, *Le Dilemme du roman au XVIIIe siècle*, Paris, PUF, 1963.

MERCIER Michel, *Le Roman féminin*, Paris, PUF, 1976.

MIQUEL André, *La Littérature arabe*, Paris, PUF, Que sais-je ? n° 1355, 1993.

MITTERAND Henri, *Le Regard et le signe. Poétique du roman réaliste et naturaliste*, Paris, PUF, 1987.

MOLHO Maurice (dir.), *Romans picaresques espagnols*, Paris, Gallimard, « Bibliothèque de la Pléiade », 1968.

MONTANDON Alain, *Le Roman au XVIIIe siècle*, PUF, 1999.

MOLINIÉ Georges, *Du roman grec au roman baroque*, Toulouse Univ. Le Mirail, 1982.

MORA-LEBRUN Francine, *L'Énéide médiévale et la naissance du roman*, Paris, PUF, 1994.

MOREL Jean-Pierre, *Le Roman insupportable. L'Internationale littéraire et la France (1920-1932)*, Paris, Gallimard, 1985.

MORETTI Franco, *Atlas du roman européen (1800-1900)*, Paris, Éd. du Seuil, 2000.

MURCIA Claude, *Nouveau roman, nouveau cinéma*, Paris, Nathan 128, 1998.

NETHERSOLE Reingard (dir.), *Emerging Literatures*, Bern, Lang, 1990.

PASCAL Pierre, *Dostoïevski, sa vie, son œuvre*, Lausanne, L'Âge d'Homme, 1970.

PEYRACHE-LEBORGNE Dominique et COUEGNAS Daniel, *Le Roman historique. Récit et histoire*, Univ. de Nantes, Éd. Pleins Feux, 2000.

PEYREFITTE R. et A., *Le Mythe de Pénélope*, Paris, Gallimard, 1949.

PIGEOT Jacqueline et TSCHUDIN J.-J., *La Littérature japonaise*, Paris, PUF, Que sais-je ? n° 710, 1983.

POIRION Daniel (éd.), *Œuvres complètes de Chrétien de Troyes*, Paris, Gallimard, « Bibliothèque de la Pléiade », 1994.

POPIN Jacques, *Poétiques des Illustres françaises*, Mont-de-Marsan, Éd. interuniversitaires, 1992, 2 vol.

QUEFFÉLEC Lise, *Le Roman-feuilleton français au XIXe siècle*, Paris, PUF, Que sais-je ?, n° 2466, 1989.

RAIMOND Michel, *La Crise du roman des lendemains du naturalisme aux années vingt*, Paris, José Corti, 1966.

—, *Le Roman*, Paris, Armand Colin, Cursus, 1989.

REY Pierre-Louis, *Le Roman*, Paris, Hachette, Supérieur, 1992.

RICARDOU Jean, *Pour une théorie du Nouveau Roman*, Paris, Éd. du Seuil, 1971.

—, *Le Nouveau Roman*, Paris, Éd. du Seuil, « Écrivains de toujours », 1973.

RIPOLL Roger, *Réalité et mythe chez Zola*, Paris, Champion, 1981.

RIVIÈRE Jacques, *Le Roman d'aventures* (1913) rééd. postface d'Alain Clerval, Paris, Éd. des Syrtes, 2000.

—, *Le Roman romantique latino-américain et ses prolongements*, Paris, L'Harmattan, 1984.

ROBERT Marthe, *Roman des origines et origines du roman*, Paris, Gallimard, 1972.

ROUSSET Jean, *Forme et signification* (1963), Paris, José Corti, 1989, 12e éd.

—, *Narcisse romancier*, Paris, José Corti, 1986.

SADOUL Jacques, *Histoire de la Science-Fiction moderne*, Paris, Albin Michel, 1973, 2 vol.

SCHAEFFER Jean-Marie, *Qu'est-ce qu'un genre littéraire ?*, Paris, Éd. du Seuil, 1989.

SELBMANN Rolf, *Der Deutsche Bildungsroman*, Stuttgart, Metzler, 1984.

SERRES Michel, *Feux et signaux de brume : Zola*, Paris, Grasset, 1975.

SERROY Jean, *Roman et réalité*, Paris, Minard, 1981.

STEWART Danièle, *Le Roman africain anglophone depuis 1965*, Paris, L'Harmattan, 1988.

SULEIMAN Susan, *Le Roman à thèse ou l'autorité fictive*, Paris, PUF, 1983.

TADIÉ Jean-Yves, *Le Récit poétique*, Paris, PUF, 1978.

—, *Le Roman d'aventures*, Paris, PUF, 1982.

—, *La Critique littéraire au XXe siècle*, Paris, Belfond, 1987.

—, *Le Roman au XXe siècle*, Paris, Belfond, 1990.

TOMICHE Nada, *La Littérature arabe contemporaine*, Paris, Maisonneuve Larose, 1993.

TROUSSON Raymond, *Voyages au pays de nulle part*, Bruxelles, Presses univ. de Bruxelles, 1975.

VALETTE Bernard, *Esthétique du roman moderne. Le roman en France XIXe-XXe siècle*, Paris, Nathan, 1985.

VERNOIS Paul, *Le Roman rustique de G. Sand à Ramuz (1860-1925)*, Paris, Nizet, 1962.

VERSINI Laurent, *Le Roman épistolaire*, Paris, PUF, 1979.

WATT Ian, *The Rise of the Novel*, Univ. of California Press, 1957.

ZHANG Yinde, *Le Roman chinois moderne (1918-1949)*, Paris, PUF, 1992.

ZÉRAFFA Michel, *La Révolution romanesque* (1969), Paris, 10/18, 1972.

ZINK Michel, *La Subjectivité littéraire. Autour du siècle de saint Louis*, Paris, PUF, 1985.

—, *Introduction à la littérature française du Moyen Âge*, Paris, Livre de Poche, 1992.

ZINK Michel (éd.), *Le Roman d'Apollonius de Tyr*, Paris, UGE, « 10-18 », 1982.

ZUMTHOR Paul, *La Lettre et la voix. De la « littérature médiévale »*, Paris, Éd. du Seuil, 1987.

Bibliographie

INDEX
DES AUTEURS CITÉS

Achevé d'imprimer en France le 9 novembre 2006 sur les presses de

LP
G

52200 Langres - Saints-Geosmes
Dépôt légal : novembre 2006 - N° d'imprimeur : 6482